046nk Abb.: Terje Rakke/Nordiclife/IN

Frank Herbst

Routenbuch Nordkap

„In Lappland herrscht eine tiefe Stille, die auch bei gelegentlichen Unterbrechungen durch leise seufzende Winde oder fernes Wassergeflüster nicht an Eindringlichkeit verliert.“

R. P. Lister

Impressum

Frank Herbst
Routenbuch Nordkap
erschienen im
Reise Know-How Verlag Peter Rump GmbH, Bielefeld
Osnabrücker Straße 79, 33649 Bielefeld

Herausgeber: Klaus Werner

4., neu bearbeitete, aktualisierte Auflage 2012

Gestaltung
Umschlag: G. Pawlak, P. Rump (Layout), K. Werner (Realisierung)
Inhalt: G. Pawlak (Layout), A. Medvedev (Realisierung)
Fotos: siehe Bildnachweis auf Seite 174
Landkartenausschnitte aus world mapping project „Finnland, Nordskandinavien" und „Südschweden, Südnorwegen"

Druck und Bindung
Himmer AG, Augsburg

ISBN 978-3-8317-1387-5
Printed in Germany

Wir freuen uns über Kritik, Kommentare und Verbesserungsvorschläge.

Alle Informationen in diesem Buch sind vom Autor mit größter Sorgfalt gesammelt und vom Lektorat des Verlages gewissenhaft bearbeitet und überprüft worden.

Da inhaltliche und sachliche Fehler nicht ausgeschlossen werden können, erklärt der Verlag, dass alle Angaben im Sinne der Produkthaftung ohne Garantie erfolgen und dass Verlag wie Autor keinerlei Verantwortung und Haftung für inhaltliche und sachliche Fehler übernehmen.

Die Nennung von Firmen und ihren Produkten und ihre Reihenfolge sind als Beispiel ohne Wertung gegenüber anderen anzusehen. Qualitäts- und Quantitätsangaben sind rein subjektive Einschätzungen des Autors und dienen keinesfalls der Bewertung von Firmen oder Produkten.

Dieses Buch ist erhältlich in jeder Buchhandlung Deutschlands, Österreichs, der Schweiz, Belgiens und der Niederlande. Bitte informieren Sie Ihren Buchhändler über folgende Bezugsadressen:

Deutschland
Prolit GmbH, Postfach 9, D-35461 Fernwald (Annerod)
sowie alle Barsortimente

Schweiz
AVA Verlagsauslieferung AG, Postfach 27, CH-8910 Affoltern

Österreich
Mohr Morawa Buchvertrieb GmbH
Sulzengasse 2, A-1230 Wien

Niederlande, Belgien
Willems Adventure
www.willemsadventure.nl

Wer im Buchhandel trotzdem kein Glück hat, bekommt unsere Bücher auch über unseren **Büchershop im Internet: www.reise-know-how.de**

Frank Herbst

Routenbuch Nordkap

Inhalt

Vorwort

Die Worte klingen geheimnisvoll, so recht nach Abenteuer, und ziehen viele Menschen während ihres Urlaubes zum nördlichsten Punkt Europas: das Nordkap, der Polarkreis, die Mitternachtssonne, Lappland und das Nordlicht. Auf dem Weg zu unserem Traumziel begegnen uns leere Straßen, karge Landschaften und das Gefühl, dem Alltag entronnen zu sein. Nach der Fahrt an Rentierweiden vorbei, über kahle Hügel, auf denen sich hie und da spärliche Vegetationsreste im Boden festklammern, geht die Fahrt auf erstaunlich guten Straßen durch die Tundra immer nach Norden.

Wer Glück hat, erlebt Aurora borealis, das Nordlicht, dieses atemberaubende Farbspiel am Himmel. Vielleicht gesellen sich zu den Rentieren sogar majestätische Elche. Mit Sicherheit erlebt man aber im Sommer die Mitternachtssonne – die Zeit, in der die Sonne wochenlang nicht untergeht.

Neben Tipps zur Reisevorbereitung und Ausrüstung finden Sie in diesem Buch ausführliche Routenbeschreibungen, die helfen, eine komplikationslose Reise mit dem eigenen Wagen oder dem Mietmobil zu unternehmen.

Ich wünsche eine gute Reise und genug Zeit, die letzte Wildnis Europas kennen zu lernen.

Frank Herbst

Routenübersicht
Nordkap
Magerøya
Hammerfest
Vardø
ATLANTISCHER
OZEAN
Alta
Tromsø
Kautokeino
Ivalo
Lofoten Vesterålen
Narvik
Kiruna
Bodø
Porjus
Rovaniemi
Mo i Rana
Arjeplog
Tornio
Luleå
Oulu
Finnland
Umeå
Schweden
Bottnischer Meerbusen
Trondheim
Vasa
Ålesund
Savonlinna
Sundsvall
Tampere
Pori
Lillehammer
Lahti
Bergen
Hamar
Falun
Porvoo
Norwegen
Gävle
Turku
Helsinki
Åland
Espoo
Oslo
Uppsala
Drammen
Finnischer Meerbusen
Karlstad
Stockholm
Tallinn
Stavanger
Örebro
Arendal
Vändern
Kristiansand
Vättern
Norrköping
Skagerrak
Göteborg
Jönköping
Gotland
Riga
Kattegat
Kalmar
Öland
Karlskrona
Helsingør
Helsingborg
Kopenhagen
Malmö
OSTSEE
©Reise Know-How 2012

005nk Abb.: Kurt Hamann/IN

Reisevorbereitung

Land und Leute

Die Gegend nördlich des Polarkreises nennt man allgemein **„Lappland"**. Einen Staat mit diesem Namen gibt es nicht. Das Wort „Lappland" entstand aus der finnischen Bezeichnung für die Ureinwoh-

Die Samen

Sie selbst nennen sich ***Sameh,*** *was so viel heißt wie: „die Sumpfleute". Einer allein ist ein* ***Sabme;*** *ihr Land nennen sie* ***Sameoednâm.*** *Im Englischen hat sich die Bezeichnung* ***Sami*** *durchgesetzt. Im Deutschen war lange die abwertende Bezeichnung* ***„Lappe"*** *üblich. Carl von Linné schrieb 1732: „Das Wort Lappe kommt von der Kleidung, da ihre Kleider gewöhnlich aus Lappen bestehen." Die Sameh halten die Bezeichnung „Lappen" für eine Beleidigung, da dieses Wort übersetzt so etwas wie „Ausgestoßene" bedeutet. Das Land, in dem sie leben, heißt demnach auch nicht Lappland, sondern „Sameoednäm" oder „sápmi". Die Tracht, die auch heute noch getragen wird, besteht aus Hosen, Röcken und langen Jacken aus meist blauem Wollstoff oder Flanell. Die Ränder sind mit bunten Borten verziert. Die Samen lieben Schmuck und Verzierungen. Sie besiedelten Lappland vermutlich schon in der* ***Bronzezeit*** *- einige historische Funde stammen aus dieser Epoche. Gemeinsamkeiten zwischen Samen und der nordasiatischen Volksgruppe der* ***Samojeden*** *führen zu dem Schluss, dass die Samen ausgewanderte oder vertriebene Samojeden gewesen sein müssten. Was sie zu ihrer* ***Wanderung*** *in die heutigen Gebiete von Lappland veranlasste, ist bislang unklar.*

Sicher ist jedoch, dass sie früher ausschließlich ***Jäger und Sammler*** *waren und Fischfang betrieben. Die wichtigste Beute war das Rentier, welches ihnen alles lieferte, was sie zum Leben brauchten. Ackerwirtschaft und Bootsbau mit Holz wurden ihnen erst von den Norwegern beigebracht. Das* ***Nomadentum*** *entwickelte sich aus der Notwendigkeit, den halbzahmen Rentierherden zu folgen. Im Sommer dörrte die Sonne die Flechten aus, die den Tieren als Nahrung diente. Da diese dem Ren nicht schmeckten, zogen die Tiere in die Berggegenden nach Norden. Unterstützt wurde das noch durch die Mückenschwärme, die auf den zugigen Fjells, den baumlosen Bergregionen, weniger häufig anzutreffen waren. Im Winter flüchteten die Tiere wieder vor Schnee und Kälte nach Süden, wo sich die Flechten inzwischen erholt hatten. Die einzigen echten No-*

ner dieser Region. Der Name wurde von den Schweden übernommen, die ihre nördliche Provinz Lappland nannten, Norweger nannten die Lappen „Finner" (= Finnen) und aus diesem Grunde heißt der nördlichste Teil Norwegens **„Finnmark"**. Der finnische Teil Lapplands heißt wiederum **„Lappi"**.

maden waren die ***Kautokeino-Samen.*** *Der Rest in Norwegen und Schweden waren* ***Berg-Samen,*** *bei denen ein Großteil der Familie zu Hause blieb.*
In Lappland gab es nie eine einheitliche Mythologie. Angebetet wurden so genannte Seiden, das waren Gegenstände, die aufgrund ihrer besonderen Form als verehrungswürdig angesehen wurden. Meist waren es allein stehende Felsen oder z. B. ein See. Der Vermittler zwischen den außerirdischen Mächten und den Menschen war der ***Noaide,*** *eine Art Schamane. Wichtigstes Instrument für seine Tätigkeit war eine* ***Zaubertrommel.*** *Diese bestand aus einer eiförmigen, flachen Schale aus Wurzelholz. Auf dieser Trommel spielte sich der Noaide selbst in Ekstase. Man sagt, dass während der Ekstase eine Seelenwanderung stattfindet, im Körper bleibt nur der Teil zurück, der die motorischen Funktionen aufrecht erhält. Die an die Trommel gebundenen Miniaturen sollten ihm bei seiner Reise als Schutz und Hilfe dienlich sein. Zwischen dem 13. und 14. Jh. gab es dann erste Bestrebungen, die Samen zum* ***Christentum*** *zu bekehren. Da jedoch die Samen in den öden Regionen auch für die Kirchenfürsten ziemlich uninteressant waren, blieb es bei vereinzelten Versuchen.*
Da es bei den Samen für die Norweger nicht viel zu holen gab, lebten sie jahrhundertelang zwar relativ unbehelligt, aber auch nicht im Überfluss. Im 19. Jh. haben dann viele Samen aus wirtschaftlicher Not mit dem Ackerbau angefangen. Die ***Vorzüge der heutigen Zivilisation*** *wie Fernseher, Konserven und Motorschlitten werden von ihnen genauso selbstverständlich genutzt wie von anderen Skandinaviern. Deshalb mussten auch die Versuche, Samen als lebendes Museumsinventar anzusehen, scheitern.*
Heute leben rund 70.000 Samen in Nordeuropa. 40.000–45.000 in Norwegen, davon allein 25.000 in Finnmark, in Schweden sind es 17.000, in Finnland etwa 5700 und in Russland ca. 2000 Samen. Nur etwa 7 % leben heute noch von der traditionellen Rentierzucht. 1989 wurde von König Olav V. das Sameting eröffnet. Dieses Parlament aus samischen Abgeordneten befasst sich mit allen für die samische Bevölkerung in Norwegen wichtigen Fragen.

Das Nordkap

Geografisch gesehen liegt das Nordkap in Lappland, politisch in Norwegen. Früher lebten ausschließlich Samen in dem Gebiet nördlich des Polarkreises. Sie wurden dann von den einwandernden Skandinaviern immer weiter zurückgedrängt. Das war recht einfach, da die Samen ein unkriegerisches Volk waren, später zwang man sie sogar zur Entrichtung von Steuern. Heute sind fast alle dieser ehemaligen Nomaden sesshaft geworden und betreiben ihre frühere Lebensgrundlage, das Fischen und die Rentierzucht, nur noch nebenberuflich. Der Tourismus ist ein großer Erwerbszweig geworden.

Das Nordkap oder im Norwegischen „Nordkapp" liegt auf der Felseninsel Magarøya, die zur Provinz Finnmark gehört. Es ist durch einen Tunnel mit dem Festland verbunden, früher gab es nur Fähren.

Diese durch den Golfstrom erwärmte nördlichste Region Europas fasziniert durch unberührte Sümpfe, weite Ebenen, endlose Tundren und schroffe Berge, die eine natürliche Einheit bilden, wie sie heutzutage selten geworden ist. Sie ist genau das Richtige für Leute, die die Einsamkeit genießen wollen.

Die gesamte Region ist auf vier Nationen verteilt. Zu **Norwegen** gehören die Bezirke Nordland, Troms und Finnmark; zu **Schweden** Norrbotten und Västerbotten; zu **Finnland** Lappi. Auch **Russland** gehört ein Teil Lapplands auf der Halbinsel Kola.

Währungen

Norwegen

Man zahlt mit **Norwegischen Kronen** (NOK). 1 Krone = 100 Øre. (1 € = ca. 7,78 NOK, Stand: 11/2011). Da keine Münzen unter 50 Øre im Umlauf sind, werden Preise gerundet. Im Umlauf sind:

- Nickelmünzen: 50 Øre, 1, 5, 10, 20 Kroner
- Scheine: 50, 100, 500, 1000 Kroner

Schweden

Auch hier zahlt man mit Kronen, allerdings mit **Schwedischen Kronen** (SEK), die Kronor heißen. 1 Krona = 100 Öre. (1 € = ca. 9,12 SEK, Stand: 11/2011). Es sind im Umlauf:

- Nickelmünzen: 50 Öre, 1 Krona, 5, 10 Kronor
- Scheine: 20, 50, 100, 500, 1000 Kronor

Finnland

Bis 1809 wurde nur in schwedischen Kronen bezahlt, danach bis 1860 in Rubel, dann nach der Unabhängigkeit in Markka (FIM) und Penniä. Seit 2002 gibt es auch in Finnland den **Euro.** Da jedes Land die Rückseiten selbst gestaltet, zeigen die finnischen Münzen fliegende Schwäne, eine Moltebeere und den finnischen „Staatslöwen".

Kleinbeträge werden grundsätzlich auf 5 Cent gerundet, da man wenig 1- und 2-Cent-Münzen prägen ließ. Wenn der Bon 2,03 € aufweist, muss man also 2,05 € zahlen.

Klima/Reisezeit

Als Erstes muss mit dem Vorurteil aufgeräumt werden, in Nordskandinavien gäbe es nur Schnee und Eis. „Lappland, das ist doch da irgendwo am Nordpol?", sagte ein Bekannter mal zu uns. Der nordische Sommer kann einem schon zu schaffen machen, in Zentral-Lappland herrschen an manchen Sommertagen höhere Temperaturen als am Mittelmeer! Vor einigen Jahren wurde im finnischen Sevettijärvi im Juli 32,4 °C gemessen.

In den schroffen Bergen auf der norwegischen Seite kann es sich dagegen schon mal einregnen. Wenn dann der penetrante Nieselregen, von unan-

▲ *In den norwegischen Bergen herrscht nicht selten regnerisches Wetter*

genehm kühlem Westwind begleitet, tagelang auf einen herniederfällt, sollte man schon einen dicken Pullover dabei haben.

Norwegen

Der **Golfstrom,** der sich entlang der ganzen norwegischen Küste bemerkbar macht, verhilft dem Land zu einem günstigen Klima mit milden Wintern, allerdings auch nicht gerade trockenen Sommern. In Meeresnähe liegen die Niederschlagsmengen durchschnittlich bei 2200 mm im Jahr.

Im Landesinneren, auf den Vidda genannten Hochebenen, gibt es richtige „Trockenlöcher". Dort herrscht **Kontinentalklima** mit kalten Wintern und heißen Sommern. Auf der Finnmarksvidda fällt jährlich 300 mm Regen. Der größere norwegische Teil Lapplands fällt somit in die Zone mit kontinentalem Klima. Fährt man allerdings zur Nordkapinsel Magerøya, kommt man wieder in den **Seeklimabereich.**

Im Winter liegen hier die Temperaturen durchschnittlich bei 0 °C.

Schweden

Der Golfstrom und die Westwinde sorgen in Südschweden für ein **mildes Klima.** Auf Breitengraden, wo es sonst nur Schnee und Eis gibt, können hier noch Getreide und Kartoffeln angebaut werden. Im Sommer liegt die Durchschnittstemperatur bei 22 °C. Im Winter kann es bis zu −30 °C kalt werden. Schwedisch-Lappland ist regenärmer als der Rest des Landes und hat ein ähnliches Klima wie Finnland.

Finnland

Suomi, wie die Finnen ihr Land nennen, gehört zu den **Schnee- und Waldzonen** mit kalten Wintern und relativ heißen Sommern. Die Durchschnittstemperatur beträgt z. B. im Januar in Sodankylä −14 °C und im Juli +14 °C.

Im Vergleich mit anderen Regionen auf diesen Breitengraden liegen die Temperaturen allerdings trotzdem 6 °C höher und aufgrund der trockenen Luft werden sie noch höher empfunden als sie in Wirklichkeit sind. Der wärmste Monat ist der Juli mit einer Durchschnittstemperatur von 20 °C. Es können auch schon mal 30 °C werden. Im Norden gibt es pro Sommer etwa 70 Tage, an denen die Sonne nicht untergeht (↗Mitternachtssonne). Ab Anfang

Mitternachtssonne

Im Sommer steht die Sonne in Orten, die nördlicher als 66,5 Grad Breite liegen, mindestens 24 Stunden über dem Horizont. In Lappland geht sie dann im Sommer nicht unter. Diese Erscheinung nennt man Mitternachtssonne. Am besten ist sie an der Küste zu sehen oder von Bergen aus, die eine gute Rundsicht haben. Verfolgt man am Abend den Lauf der Sonne, sieht man sie in einer sanften, immer flacher werdenden Kurve untergehen. Das Abendrot breitet sich aus, aber kurz über dem Horizont beginnt sie wieder zu steigen, umgeben vom Morgenrot. Ohne Uhr kann man sich schnell in der Zeit vertun.

Wenn die Tage immer länger werden und der Sommer ins Land zieht, dann treibt es die Skandinavier in die freie Natur. Viele haben ein Häuschen auf dem Lande. „Friluftsliv“, das Leben an der frischen Luft, ist für viele ein Lebenselixier. Je nach Breitengrad kann die Mitternachtssonne, also die Tage, an denen die Sonne gar nicht untergeht, mehrere Wochen andauern.

Dezember bleibt der Schnee auch in Süd- und Mittelfinnland liegen, in Südfinnland hat der Tag dann nur noch sechs helle Stunden. Die Schneeschmelze ist in diesen Gegenden Anfang Mai.

Durchschnittliche Tageslichtstunden

Monat	*Bodø*	*Tromsø*	*Berlin*
Januar	*1,5*	*0*	*8*
März	*10*	*9,5*	*11*
Mai	*18*	*19*	*15*
Juni	*20*	*24*	*16*
Juli	*20*	*24*	*17*
August	*17*	*20*	*16*
September	*14*	*15*	*13,5*
Dezember	*4*	*0*	*8*

Durchschnittliche Tagestemperaturen (in Celsius)

Monat	***Bodø***	***Tromsø***
Januar	*+0,2*	*-6,1*
März	*+4,4*	*-1,5*
Mai	*+9,6*	*+4,0*
Juni	*+15,0*	*+10,7*
Juli	*+15,9*	*+13,4*
August	*+15,9*	*+12,5*
September	*+12,9*	*+8,3*
Dezember	*+3,6*	*-1,6*

Mitternachtssonne

Bodø	*03.06.-08.07.*
Hammerfest	*16.05.-26.07.*
Nordkap	*13.05.-29.07.*
Tromsø	*20.05.-22.07.*

Lappland

Im Sommer (Juli–August) lässt sich also das Wetter mit gutem Gewissen als warm bezeichnen. In Lappland sind alle Touristeninformationen und Restaurants geöffnet, die Fremdenverkehrsindustrie zeigt sich von ihrer besten Seite, nur dummerweise sind die Preise dann auch entsprechend hoch. Das gilt besonders für die Fähren in der Zeit von Ende Mai bis Mitte September.

Viele Leute werden eine andere Begleiterscheinung des Sommers noch unangenehmer finden: Mücken suchen das Gebiet in Milliarden Exemplaren regelrecht heim!

Anreise

Um das Ziel im hohen Norden zu erreichen, gibt es drei unterschiedliche Wege, die sich erst in Norwegen jenseits des Polarkreises treffen. Bei der Wahl der Strecke sollte man die zur Verfügung stehende Zeit bedenken. Der Weg **über Norwegen** ist der zeitraubendste, man muss um die ↗Fjorde herumfahren. Insgesamt erwarten den Reisenden etwa 5000 km pro Weg.

Der Weg **über Schweden** führt durch endlose Wälder an der Ostseeküste entlang. Man kann auch in der Mitte des Landes parallel zur Inlandsbahn nach Norden vorstoßen, aber an der Küste ist es schöner.

In **Finnland** dagegen erwarten den Reisenden Tausende von kleinen Badeseen in relativ flacher Landschaft, die es auf dem Weg nach Norden zu umfahren gilt. Ich habe die Strecke an der Ostseeküste entlang herausgesucht, da sie die abwechslungsreichste ist und man im ersten Drittel durch die schöne Seenplatte fahren kann.

Fjorde

Die Fjorde sind tief ins Landesinnere reichende Meeresarme. Sie entstanden nach der Eiszeit. Die Täler waren tief eingedrückt worden und füllten sich nun mit Meerwasser. Fjorde liegen folglich auf ganzer Länge in Meereshöhe, nicht wie Flüsse, die ja auch in höher gelegenen Regionen anzutreffen sind und dort eine beachtliche Größe entwickeln können.

Befindet man sich z. B. in 500 m Höhe und auf der Karte liegt 10 km voraus ein Fjordarm, muss es folglich bald 500 m abwärts gehen. Ein Fjord kann bis zu 1200 m Wassertiefe haben, an der Mündung wird er allerdings flacher. Vielfach gibt es Süßwasseranteile von Flüssen oder Gletschern im Fjordwasser, die zur Mündung hin jedoch versalzen.

Transport

Fähre

60 Mio. Menschen erreichen Skandinavien jährlich mit der Fähre – die großen Schiffe von Stena, Silja und Viking fassen bis zu 3000 Personen und 500 Autos. Der Abdruck aller Fahrpläne und Informationen würde den Rahmen dieses Buches sprengen, weshalb hier nur ein paar Tipps stehen können.

Auf bestimmten Strecken ist ein Umweg mit dem Auto billiger, auf anderen wiederum kann die längere Fährstrecke billiger sein, das hängt in erster Linie vom verwendeten Fahrzeug ab. Bei den meisten Linien gibt es eine **Pkw-Klasse,** die bis zwei Meter Höhe geht. Dies ist für Wohnmobile wichtig, ein Bus mit einem Hubdach geht als Pkw durch, für alle höheren Fahrzeuge bezahlt man einen saftigen Aufschlag. So gilt z. B. bei Viking (Pkw-Limit: 2,40 m) unser Transit noch als Pkw, dagegen bei Silja Lines mit einem Limit von 1,90 m schon als Lkw. Einige Linien berechnen die Autos auch nach Länge, ab 5 m zahlt man einen Aufpreis.

Viele Reedereien bieten **Kombinations-Tickets** an, z. B. Hin- und Rücktour mit Pkw inklusive sechs Personen zum Pauschalpreis. Als Tramper sollte man die Verladekais dieser Linien wählen, denn viele Leute haben ihr Auto nicht vollbesetzt und können dazu überredet werden, einen Tramper umsonst mitzunehmen. Es besteht auch die Möglichkeit, in Deutschland ein Kombiticket für zwei bis drei Fähren zu kaufen, z. B. für Puttgarden – Rødby und Helsingør – Helsingborg. Man kauft ein Ticket und weiß, dass man auch bei der nächsten Fähre mitkommt. Solche Kombitickets gibt es von vielen Gesellschaften. Bei längeren Überfahrten müssen eventuell **Kabinenzuschläge** bezahlt werden. Bei

▼ Die Reise mit der Fähre ist angenehmer, doch oft teurer als der Umweg mit dem Auto

003nk Abb.: Terje Rakke/Nordiclife/IN

manchen Linien gilt dies nur bei Nachtfahrten, andere stellen im Sommer Räume mit Liegesesseln zur Verfügung. Unverbesserliche Touristen verbringen die Nacht auch in ihrem Campingauto. Allerdings ist der Aufenthalt auf den Fahrzeugdecks während der Überfahrt streng verboten. Aus eigenem Sicherheitsinteresse sollte man das lassen, zumal die Fahrzeugdecks auch bei der Überfahrt kein angenehmer Ort sind.

Die Überfahrt in der **Hochsaison** ist immer erheblich teurer. Wann Saison ist, bestimmen die einzelnen Linien. Auch erhöhen sich die **Preise** am Wochenende und teilweise in der Nacht. Dagegen werden oft Studenten und Rentner billiger befördert. Umsonst ist es oft für Kinder unter sechs Jahren. Jugendliche zahlen meist nur den halben Preis, allerdings variieren die Altersgrenzen von Gesellschaft zu Gesellschaft. Bei manchen ist man bis 16 Jahre noch Kind, bei anderen schon ab 11 erwachsen.

Schnäppchen in Tallinn

Die Zunahme der Fährverbindungen Finnland/Estland, die durch das Preisgefälle der beiden Länder entstand, hat mit dem EU-Beitritt der Baltenstaaten ein Ende. Trotzdem ist die estnische Tabak- und Alkoholsteuer immer noch so günstig, dass sich für Finnen die Fahrt nach Estland zum Einkaufen lohnt. Aus dem gleichen Grund wurde schon 1923 die finnische Fluglinie Finnair gegründet. Sie brachte zahlende Landsleute schnell in die Kneipen von Tallinn und sicher zurück.

Fährverbindungen

Übersichtshalber hier die wichtigsten Strecken:

- **1: Hirtshals (DK) – Kristiansand (N)**
  Zweimal täglich fährt die Fjord Line mit der Fjordcat ca. 2,5 Std. durch den Skagerrak. Allerdings nur im Sommer. Personen ab 4 € einfache Fahrt, das Auto mit Fahrer ab 68 €. Color Line fährt eine Stunde länger, aber bei jedem Wetter, Pkw mit 5 Personen, Höhe max. 1,99 m ab 148 €.
- **2: Hirtshals (DK) – Larvik (N)**
  Color Line fährt von Norddänemark an die Südküste Norwegens. Meist drei Fahrten pro Tag, im

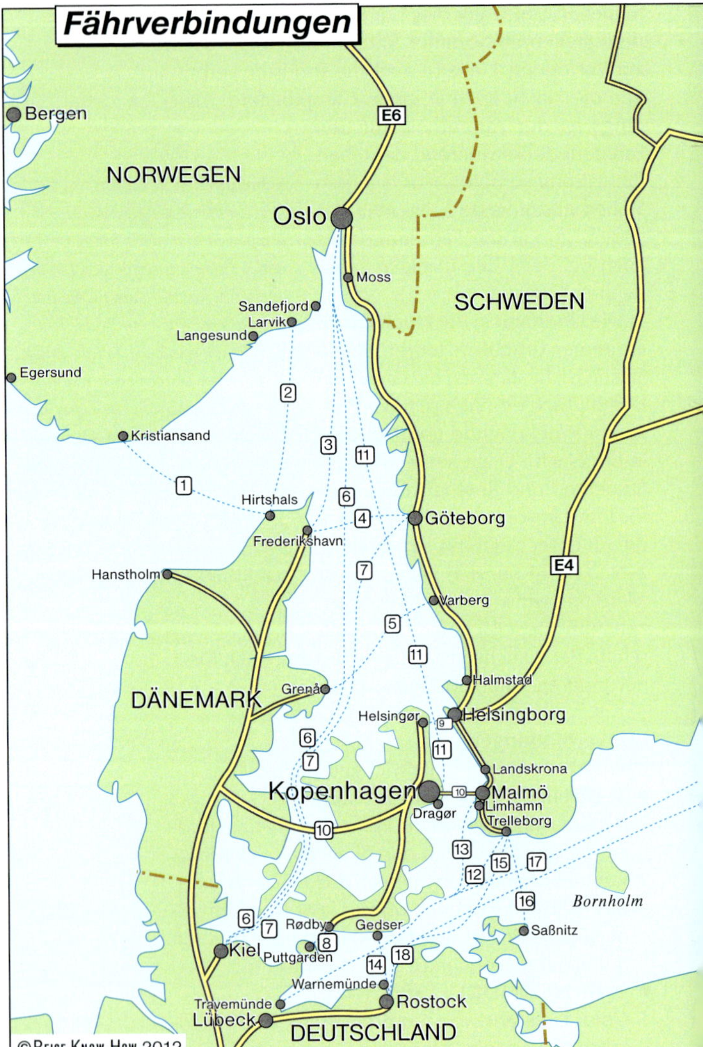
Fährverbindungen
Bergen
NORWEGEN
E6
Oslo
Moss
SCHWEDEN
Sandefjord
Larvik
Langesund
Egersund
2
Kristiansand
3
11
1
6
Hirtshals
4
Göteborg
Frederikshavn
E4
Hanstholm
7
Varberg
5
11
Halmstad
Grenå
DÄNEMARK
Helsingør
9
Helsingborg
6
11
7
Landskrona
Kopenhagen
10
Malmö
Limhamn
Dragør
Trelleborg
10
13
15
17
12
16
Bornholm
6
7
Rødby
Gedser
Saßnitz
8
Kiel
Puttgarden
18
14
Warnemünde
Travemünde
Rostock
Lübeck
DEUTSCHLAND
©Reise Know-How 2012

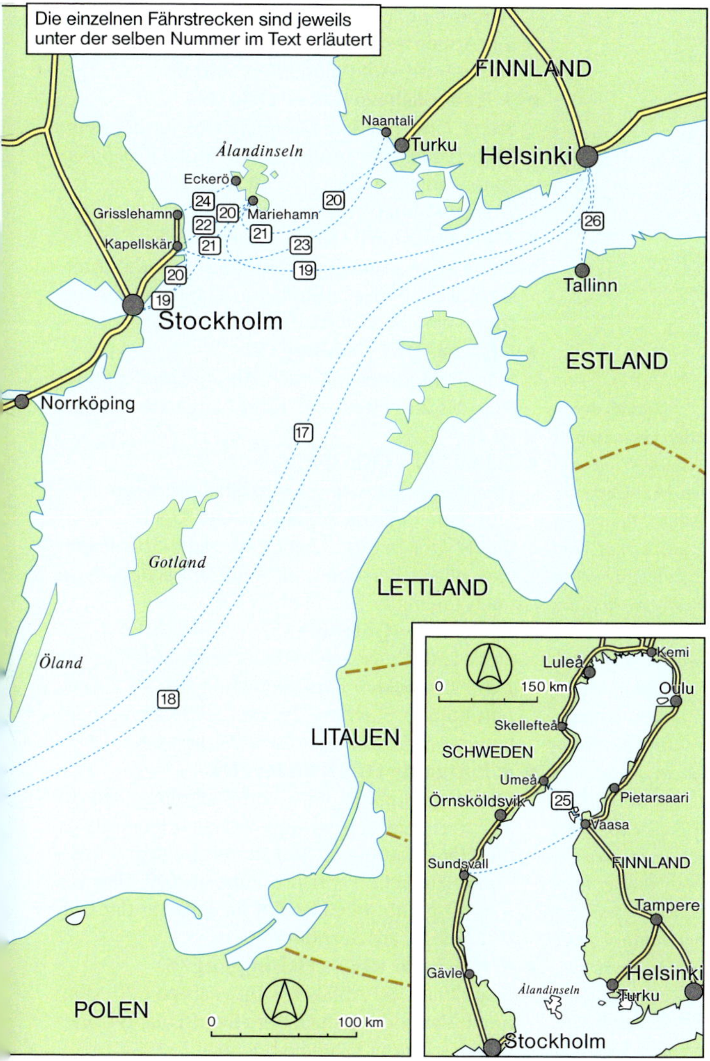

Die einzelnen Fährstrecken sind jeweils unter der selben Nummer im Text erläutert
FINNLAND
Naantali
Turku
Helsinki
Ålandinseln
Eckerö
Mariehamn
Grisslehamn
Kapellskär
Stockholm
Tallinn
ESTLAND
Norrköping
Gotland
Öland
LETTLAND
LITAUEN
POLEN
0
100 km
24
20
22
21
19
23
26
17
18
Luleå
Kemi
Oulu
0
150 km
Skellefteå
SCHWEDEN
Umeå
Örnsköldsvik
25
Pietarsaari
Vaasa
Sundsvall
FINNLAND
Tampere
Gävle
Helsinki
Turku
Ålandinseln
Stockholm

Winter eine. Fahrtdauer: ca. 4 Std. Zu bestimmten Abfahrtszeiten Wohnmobil-Ermäßigungen. Hochsaison: Auto plus 5 Pers. 148 €.

- **3: Frederikshavn (DK) – Oslo (N)**
Stena Line hat ein kompliziertes Tarifsystem. Täglich eine Fahrt, Auto bis 2 m Höhe inkl. 5 Personen einfache Fahrt ab 49 €. Nachtfahrten – zuzüglich Kabine – mindestens 51 €.
- **4: Frederikshavn (DK) – Göteborg (S)**
Stena Line, je nach Abfahrtstag/-stunde unterschiedliche Preise. Auto bis 2 m Höhe inkl. 5 Personen einfache Fahrt ab 63 €.
- **5 Grenå (DK) – Varberg (S)**
Stena Line, Preise je nach Abfahrtstag/-stunde. Auto bis 2 m Höhe inkl. Fahrer einfache Fahrt ab 63 €.
- **6: Kiel (D) – Oslo (N)**
Der lange Seeweg, „Kreuzfährfahrt" von 19½ Stunden. Tägliche Abfahrten von Kiel und Oslo um 14 Uhr mit der Color Line. Auto-Spar-Paket: Pkw plus 4 Personen mit 4-Bett-Innenkabine, je nach Tag in der Saison ab 573 €.
- **7: Kiel (D) – Göteborg (S)**
Stena Line, Preise nach Abfahrtstag/-std. Auto bis 2 m Höhe inkl. 5 Pers. einfache Fahrt ab 200 €, plus Kabine, Standard-2er ab 78 €, Kammern im Unterdeck im Sommer ab 39 € pro Pers.
- **8: Puttgarden (D) – Rødby (DK)**
Die Vogelfluglinie wird von Scandlines alle 30 Minuten befahren, ist aber ziemlich teuer, da es die Hauptroute ist. Die Fahrzeit beträgt 45 Minuten. Einfache Fahrt pro Pers. ab 6 €, Pkw bis 6 m Länge ab 54 €. Rabatt für Besitzer der CSS (Camping Card Scandinavia).
- **9: Helsingør (DK) – Helsingborg (S)**
Scandlines, 60 Abfahrten tgl., Fahrzeit 20 Min., nur in Verbindung mit einem Deutschland-Dänemark-Ticket der Fährlinie buchbar.

Tunnel durch den Fehmarnbelt
Ab 2020 soll man durch einen 18 km langen Tunnel den Fehmarnbelt von Puttgarden nach Rødby im Zug oder Auto unterqueren können. Dänemark möchte hier den längsten Fertigtunnel der Welt versenken. In Deutschland regt sich heftiger Protest gegen das Milliardenprojekt. Man fürchtet einen Anstieg des Verkehrs und ein Nachlassen des Tourismus. Baubeginn ist eventuell 2014. www.femern.de

- **11: Kopenhagen (DK) – Oslo (N)**
  Pkw-Höhe 1,85 m, Wochenende teurer, einfache Fahrt mit Auto und 2 Pers. 178 €, inkl. Kabine, da die Überfahrt 16 Std. dauert. Eine Abfahrt pro Tag mit der britischen DFDS. Zum Terminal vom Ring 02 bei Folke Bernadottes Allé in den Dampfaergevej einbiegen.
- **12: Travemünde (D) – Trelleborg (S)**
  Die Fähren der TT Line fahren 7½ Std. bei Tag und 8½ Std. bei Nacht. Einfache Fahrt Pkw bis 6 m Länge + 5 Pers. ab 135 € am Tag, in der Saison keine Nachtfahrten.

- **10: Brücke über den Øresund**

Der schnellste Weg von Dänemark nach Schweden führt über die E20 und die Storebæltbrücke an Kopenhagen vorbei. In der Nähe des Kopenhagener Flughafens verschwindet die Autobahn in einem Tunnel, der etwa 3,5 km unter dem Sund entlangführt. Auf einer künstlich aufgeschütteten Insel, südlich von Saltholm, kommt die Straße wieder an die Oberfläche, um dann über eine 8 km lange Schrägseilbrücke nach Schweden zu führen. Das Mittelteil hängt fast einen halben Kilometer frei in 57 m Höhe.

Die Strecke ist mautpflichtig, es gibt eine Zahlstation mit verschiedenen Fahrspuren. Man kann einen Sender hinter der Windschutzscheibe befestigen, der die Durchfahrt automatisch registriert. Der ist für 30 € Kaution zu leihen, man schickt ihn später per Post zurück, Buchung: www.oeresund-bruecke.de.

Preise: Pkw, Womo bis 6 m Länge einfache Fahrt 31 €, Wohnmobile über 6 m, Pkw mit Anhänger 63 €, Motorrad 17,50 €. Achten Sie bei Womos auf das Gesamtgewicht des Fahrzeuges. Vor Ort und ohne Sender ist es teurer und kann außerdem zu Wartezeiten führen.

- **13: Travemünde (D) – Malmö (S)**
Die Frachtreederei NordöLink (Finnlines-Gruppe), lässt viermal am Tag auch Autos aufs Schiff. Auto bis 6 m inkl. Fahrer ab 89 €. Dauer 9 Std.
- **14: Rostock (D) – Gedser (DK)**
Die Fähre von Scandlines fährt 12 mal am Tag und hat ein Pkw-Limit von 6 m Länge. Einfache Fahrt pro Person ab 14 €, Pkw bis 6 m Länge inkl. Fahrer ab 121 €.
- **15: Rostock (D) – Trelleborg (S)**
Die Riesenschiffe befördern auch die Eisenbahnzüge nach Skandinavien. Pkw bis 6 m Länge plus 5 Pers. ab 110 €. Kombinierte Fracht- und Passagierschiffe fahren für TT Linie am Tage 6 und in der Nacht 7,5 Std. Auch Scandlines befährt die Strecke, Pkw mit Fahrer ab 112 € am Tag, 180 € in der Nacht.
- **16: Saßnitz (D) – Trelleborg (S)**
Die Überfahrt dauert 4 Std., Pkw bis 6 m Länge. Für Leute aus Westdeutschland weniger geeignet, da der Weg nach Rügen in der Saison auch nachts mit Staus behaftet ist. Einfache Fahrt pro Person ab 13 €, Pkw bis 6 m Länge plus max. 9 Personen 100 €. Reederei: Scandlines
- **17: Travemünde (D) – Helsinki (FIN)**
Einst war die Finnjet mit ihren Gasturbinen das schnellste Fährschiff der Welt, das im Winter sogar als Eisbrecher fungierte. Die heutigen Schiffe der Finnlines brauchen 27 Std. für die Strecke. Finnlines fährt mindestens einmal am Tag, einfache Fahrt in 3-Bett-Außenkabine, Auto bis 2,10 m Höhe ab 350 €.
- **18: Rostock (D) – Helsinki (FIN)**
NordöLink (Finnlines-Gruppe) braucht für die Strecke 41 Std., mit Halt in Gdynia (Polen). Preise: pro Person mit Ruhesessel ab 80 €, 4-Bett-Innenkabine ab 180 €, Auto und 4-Bett-Innenkabine 421 €. Die Abfahrt ist um 16.30 Uhr.

Zwischen Schweden und Finnland herrscht reger Schiffsverkehr. Außer den traditionsreichen Riesen Viking mit den roten Schiffen und Tallink Silja mit dem blauen Seehund im Logo befahren noch einige kleinere Linien die Strecke. Die meisten Schiffe machen einen Zwischenstopp in dem Nicht-EU-Staat **Åland-Inseln,** der weniger durch seine Inselromantik, sondern eher durch seine tollen Briefmarken ein Begriff ist. Es werden die drei Häfen Eckerö, Långnäs und Mariehamn (Hauptstadt) angelaufen. Nach einem Stopp von ein bis drei Stunden geht es dann weiter, man kann aber auch die Einzelstrecken buchen.

- **19: Stockholm (S) – Mariehamn (Åland) – Helsinki (FIN)**
  Die Fahrt dauert sowohl mit Silja als auch Viking 17 Std. und kostet einfache Fahrt pro 4-Bett-Innenkabine ab 60 € (Viking)/144 € (Silja), Deckpassage ab 40 € (Viking)/29 € (Silja), Pkw bis 1,90 m Höhe ab 45 € (Viking)/bis 2,40 m 72 €, Sparpaket 1,90 m plus 4 Pers. in B-Kabine ab 157 € (Silja).
- **20: Stockholm (S) – Kapellskär (S) – Mariehamn (Åland) – Turku (FIN)**
  Einmal täglich sammelt die Silja Line (Tallink) auf dem Weg nach Finnland noch Reisende in dem kleinen Hafen Kapellskär auf, Dauer 11 Std. Die einfache Fahrt mit einem Pkw bis 1,90 m Höhe kostet mit Kabine ab 66 €. Deckpassagen morgens ab 8 €, abends ab 14 €.
- **21: Stockholm (S) – Långnäs/Mariehamn (Åland) – Turku (FIN)**
  SeaWind/Silja, Viking, Hauptsaison einfache Fahrt pro Pers. ab 65 € 4-Bett-Innenkabine, Deckpassage ab 10 €, Pkw bis 1,90 m Höhe tags 20 €, nachts 42 €.
- **22: Kapellskär (S) – Mariehamn (Åland)**
  Die Fähren der Viking Line befahren auch diese Strecke, 4,75 € pro Pers., Auto bis 2,40 m 12 €.

- **23: Kapellskär (S) – Naantali (FIN)**
  Finnlines, die Tallink gehört, fährt zweimal täglich zum Hafen von Naantali, unweit von Turku. Eine Person ab 45 €, 2er-Kabine ab 20 € pro Person, Auto ab 15 € morgens, abends 50 € (abends 2 Mahlzeiten inklusive).
- **24: Grisslehamn (S) – Eckerö (Åland)**
  Zu den Ålandinseln geht es täglich fünfmal, außerhalb der Saison nur zweimal. 110 km von Stockholm über Norrtälje nach Grisslehamn. Einfache Fahrt pro Pers. ab 7,50 €. Pkw bis 2,50 m Höhe auch 7,50 €. Bus von Eckerö nach Mariehamn 4,80 €. Von dort kommt man weiter nach Finnland. Reederei: Eckerö Linjen
- **25: Umeå (S) – Vaasa (FIN)**
  Hier kann man in der Saison tgl. mit der RG-Line übersetzen. Fahrtdauer 4 ½ Std. Einfache Fahrt pro Person ab 60 €, Auto bis 1,80 m Höhe 65 €.
- **26: Tallinn (EST) – Helsinki (FIN)**
  Wer sich für den Weg durch die Baltischen Staaten entscheidet, sollte rechtzeitig an Visa (Weißrussland) denken. Die Reederei Tallink hat nicht nur die Silja Line, sondern auch die Finnlines gekauft. Überfahrten mit Tallink/Silja bis zu neunmal am Tag. Einfache Fahrt Pkw bis 1,80 m Höhe und 4 Pers. 120 €. Die Viking Line fährt zweimal täglich, vertreten durch die Eckerö Linjen. Die Preisgestaltung ist kompliziert: Montagmorgens ist es teurer (31 €) als samstagabends (23 €), freitagabends noch teurer, jedoch billiger als donnerstagmorgens (36 €), das Auto kostet mind. 21 €.

Reedereien

- **Color Line GmbH,** Norwegenkai, 24143 Kiel, Tel. 0431 7300300, www.colorline.de
- **DFDS Seaways (Deutschland) GmbH,** Högerdamm 41, 20097 Hamburg, Tel. 01805 8901051, www.dfdsseaways.de

- **Eckerö Linjen,** Rederiaktiebolaget Eckerö, Tel. +358 (0)18 28000 (Åland), +46 (0)175 25800 (Schweden), www.eckerolinjen.fi
- **Finnlines,** Skandinavienkai, 23570 Lübeck-Travemünde, Tel. 04502 80520, www.finnlines.com
- **Fjord Line,** Nizzestraße 28, 18311 Ribnitz-Damgarten, Tel. 03821 7097210, www.fjordline.de
- **NordöLink,** Zum Hafenplatz 1, 23570 Lübeck-Travemünde, www.nordoe-link.com (www.finnlines.com), Tel. 04502 80520
- **RG-Line Oy Ab,** Tel. +358 (0)207 716810 (Vaasa, Finnland), +46 (0)90 185200 (Umeå, Schweden), www.rgline.com
- **Scandlines,** Fährhafen, 23769 Puttgarden, Tel. 0180 2116699, www.scandlines.de
- **SeaWind Line Oy Ab,** Informationen über Tallink Silja GmbH, Tel. 0451 5899222, www.seawind.fi, (www.tallinksilja.com/de)
- **Silja Line,** Zeißstraße 6, 23560 Lübeck, Tel. 0451 5899222, www.tallinksilja.com/de
- **Stena Line,** Schwedenkai 1, 24103 Kiel, Tel. 0431 9099, 01805 916666, www.stenaline.de
- **Tallink,** Informationen der estnischen Linie unter www.finnlines.com oder www.tallinksilja.com
- **TT Line,** Zum Hafenplatz 1, 23570 Lübeck-Travemünde, Tel. 04502 80181, www.ttline.de
- **Viking Line,** Große Altefähre 20–22, 23552 Lübeck, Tel. Lübeck: 0451 384630; Tel. Kapellskär: +46 (0)176 44100; Tel. Stockholm: +46 (0)8 4524200, www.vikingline.de

Auto

Verkehrsregeln

Da Skandinavien zu Europa gehört, haben wir es mit den europäischen Verkehrsregeln zu tun. Man findet in allen drei Ländern die üblichen **Warn- und Verbotsschilder,** nur die Farben sind etwas anders als bei uns: ein dunkleres Blau, gelb statt weiß etc. Das Hinweisschild mit der schwarzen Rune auf weißem Grund mit blauem Rand ⌘ ist das **Zeichen für Sehenswürdigkeit.** Darunter findet man immer ein Schild mit dem Namen des „Sehenswerten" und die Entfernung von der Hauptstraße. Leider sind es meist nur die Eigennamen der Wasserfälle oder historischen Fundstätten, sodass man anhand des Schildes nicht weiß, ob sich der Umweg lohnt. In Schweden ist *Fornminne* etwas ganz altes, *Kulturminne* etwas kulturelles und *Industrieminne* ist dann auch klar.

Dieses Beispiel zeigt schon das eigentliche Problem mit den **Verkehrsschildern.** Die Erklärungen sind nicht so schnell zu übersetzen. Wenn ein Schwede bei uns das Schild „Eingeschränktes Lichtraumprofil" sieht, wird er wohl genauso wenig weiterwissen wie umgekehrt, wenn man vor einem Schild in der jeweiligen Landessprache steht.

In ganz Skandinavien herrscht **Anschnallpflicht!** Die **Promillegrenze** liegt bei 0,2 ‰, in Finnland bei 0,5 ‰ (hohe Strafen!), das **Handy** ist am Steuer tabu.

In allen drei Ländern fährt man auch **tagsüber mit Abblendlicht.** Die kleinen Funzeln an manchen Autos sind Tagscheinwerfer. Sie verbrauchen weniger Strom als das Abblendlicht.

004nk Abb.: fh

▶ *An den Fähranlegern wird das Ticket kontrolliert*

In **Norwegen** hat immer der bergauffahrende Wagen Vorfahrt an Engpässen. Meist gibt es Ausweichstellen, aber Vorsicht, oft fehlen Leitplanken. Übrigens gibt es in Norwegen mehr Schneemobile als Busse. Auch der Kreisverkehr ist sehr gebräuchlich. Schnellfahrern drohen hohe Strafen, so kostet „60 km/h im Ort gefahren" bereits 700 NOK.

In **Schweden** dürfen Lastwagen über 3,5 Tonnen auf Autobahnen maximal 90 km/h schnell sein, auf Landstraßen dürfen sie 70 km/h fahren. Das gilt auch für Wohnmobile. Wenn keine Hinweisschilder stehen, gilt Tempo 70!

Höchstgeschwindigkeiten

	N	S	FIN
Außerhalb Ortschaften:	80	90	80
Autobahn:	90	110	120
Mit ungebremstem Anhänger:	60	40	80

Tanken

Auch die Tankstellen sind in Lappland nicht gerade dicht gesät, deshalb sollte man immer einen gefüllten Benzinkanister dabei haben.

Tankautomaten, bei denen man mit Scheinen bezahlt, gibt es auch in Skandinavien, in Norwegen jedoch nicht so oft. Am häufigsten stehen sie in Schweden, wo man mit 20- und 100-Kronen-Scheinen tanken kann. Für 10 und 20 € kann man in Finnland tanken, allerdings meist nur Normalbenzin. Hat man die Wahl, muss man darauf achten, dass die richtige Treibstoffart eingestellt ist!

Meist sind die Tankstellen auch bis in die Nacht geöffnet.

Oft wird nicht zwischen Normal und Super unterschieden, sondern es geht nach der Oktanzahl. Wer sich nicht sicher ist, suche in der Betriebsanleitung seines Wagens nach der richtigen Oktanzahl.

„Avgiftsfri“ an Dieselsäulen heißt in Norwegen: „Heizöl“! Der Missbrauch ist strafbar.

- **Diesel-Wohnmobile** über 6 t müssen in Schweden 0,18 SEK Spritsteuer pro km zahlen. Die Steuer wird bei der Ausreise erhoben.
- Wer in Finnland statt Diesel das billigere **Heizöl** *(polttoöljy)* tanken will, muss für Pkws 168 €/Tag (Womo 252 €) zahlen. Die Zahlung an den Zoll muss bei der Ausreise nachgewiesen werden.
- Die **Einfuhr von Reservesprit** muss verzollt werden. Nur in Norwegen ist die Dieseleinfuhr frei.
- Wer sein Auto mit Gas betreibt: LPG (Liquefied Petroleum Gas - Bropan/Butan): 60 Tankstellen in Norwegen, 15 in Schweden, keine in Finnland. CNG (Compressed Natural Gas - Erdgas): 4 in Norwegen, 11 in Schweden, 20 in Finnland, www.gas-tankstellen.de. POIs von Erdgastankstellen in Finnland/Schweden zum Übertrag aufs GPS-Handy: www.gibgas.de/Tankstellen/Service/GPS-Daten. Allerdings steigt der Verbrauch mit nordeuropäischem LPG (100/0) deutlich und der Preis/Liter lag 2011 bei 8 NOK! Für Norwegen einen Bajonett-Adapter und für Schweden den Dish-Anschluss mitnehmen.
- In vielen der angeschlossenen Cafeterias *(Baaris)* bekommt man ein **preiswertes Menü** (11–16 Uhr). Das heißt *Lounas* und kostet um 10 €.

Packliste:

- ❑ *Abschleppseil (Nylon oder Hanf)*
- ❑ *20-Liter-Blechkanister (hitzebeständiger), passenden Einfüllstutzen*
- ❑ *Kanister mit Motoröl; Trichter; Feuerlöscher*
- ❑ *Taschenlampe*
- ❑ *Keilriemen, Ersatzlampen, Sicherungen, Benzinschlauch, Draht, Bindfaden, Kabel, Schrauben, Muttern, Unterlegscheiben etc.*

Autoausrüstung

Wenn man mit einem großen Auto unterwegs ist, kann man sich den Luxus erlauben, etwas **Werkzeug und Ersatzteile** mitzunehmen, da man immerhin mit 5000–7000 km Strecke rechnen muss. Da kann einiges verschleißen. In Finnland herrscht übrigens von Dez. bis März Winterreifenpflicht für Pkws.

Reiseausrüstung

Kochgas

Am praktischsten sind Propan- und Butangaskocher. **Butangas** wird z. B. unter dem Namen Camping Gaz in blauen Flaschen verkauft. Bei dieser Gasart hat man mit Nachschubproblemen zu rechnen, in Norwegen bekommt man die Kartuschen nur in größeren Städten und in Finnland nur in Kaufhäusern.

Weit häufiger wird das **Propan-System** verwendet, erkennbar an den graugrünen oder roten Flaschen. Es gibt 5,5- und 11-kg-Behälter. Nun gibt es aber in Europa mindestens 5 verschiedene Anschlusssysteme. In Skandinavien verwendet man ein anderes Gewinde als bei uns.

Die **Nachfüllstationen** im Lande haben nur Einrichtungen für die landeseigenen Flaschensysteme. In Deutschland bekommt man ein **Set mit Zwischenstücken** für alle europäischen Systeme bei den Propangasvertrieben oder im Campingbedarfsladen. Nun kann man das entsprechende Anschlussstück auf eine eigene Flasche schrauben. Diese kann dann bei einer skandinavischen Füllstation angeschlossen werden.

- **In Norwegen** werden bei **AGA-Gasstationen** (www.aga.no) deutsche Flaschen über einen Adapter befüllt. Leere Campinggasflaschen können in einigen Orten gegen volle getauscht werden. **ESSO,** Tel. +47 (0)22 663030, **Statoil,** Tel. +47 (0)22 962000, **Shell,** Tel. +47 (0)22 665000. Unter www.lpgnorge.no/stasjonsoversikt gibt es eine Karte mit den Tausch-und Füllbetrieben.
- **In Schweden** gibt es fast ausschließlich Propangas *(gasol)*, Auffüllen deutscher Flaschen schwierig. Auskunft: **Primus Svenska AB,** www.primus.se, www.energigas.se, AGA-Gasstationen im Süden.

- **In Finnland** werden nur die Flaschen der **Firma Primus** gefüllt. Der Umtausch der deutschen Flaschen ist auch so gut wie unmöglich, da die Händler diese nicht weiterverwenden dürfen. (Ich habe gehört, dass es ein Abkommen gibt, wonach fremde Behälter vom Händler an den Eigentümer/Verleiher auf eigene Kosten zurückgeschickt werden müssen, damit er sein Geld von den Gasverkäufern bekommt.) Es empfiehlt sich also, genügend Gas mitzunehmen.
- **Achtung:** Auf den meisten **Fährlinien** ist es verboten, gefüllte Reserve-Gasflaschen und Benzinkanister mitzunehmen. Wer also mit einer Gasflasche auf dem Dachgepäckträger zum Fähranleger kommt, muss damit rechnen, abgewiesen zu werden. Nie Propan in Butan-Flaschen füllen.

Vor Jahren tauchten in den Asienläden Gaskocher mit kleinen Propanpatronen wie die Nachfüllflaschen für Gasfeuerzeuge auf. Sie zeichneten sich durch ein genial durchdachtes Design aus und wurden z. B. von Camping Gaz in Lizenz vertrieben. Ich finde diese kleinen Modelle ganz prima, man muss lediglich genügend Gaspatronen mitnehmen.

In jüngster Zeit setzen sich auch bei uns **Spirituskocher** aus dem Jachtbereich durch. Diese Kocher stehen den Gaskochern in der Leistung in nichts nach, brauchen keine Schläuche und Flaschen, man schüttet den Spiritus einfach von oben in den Kocher, wo er durch eine Art Wolle auslaufsicher gehalten wird. Vorteil: Man kann jederzeit draußen kochen, indem man das Gerät einfach aus dem Auto nimmt.

020nk Abb.: Terje Rakke/Nordiclife/IN

◀ *Skandinavische Esskultur genießen*

Rund ums Essen

Der Fischreichtum Skandinaviens ist bekannt und auch vom Smørgåsbord, Koldtbord (N), dem reichhaltigen Frühstück, hat sicher schon jeder was gehört. Die Lokale heißen auch in Skandinavien Hotel und Café, in Norwegen gibt es noch die ***Fjellstue,*** *ein Berggasthaus und die* ***Kaffistova,*** *das ist eine Kaffeestube des Bauernverbandes. Ein Gasthaus mit Übernachtungsmöglichkeit nennt sich in Norwegen* ***Gjestgiveri*** *und in Schweden* ***Gästgivaregård.*** *In Finnland nennt sich das Café* ***Kahvila*** *und das Selbstbedienungsrestaurant* ***Itsepalvelubaari*** *oder meist nur* ***Baari.***

Das Erste, was man mitkriegt, ist wohl das kalte Büfett auf der Fähre. Man zahlt einen Festbetrag und kann dann eine Stunde lang am Büfett zulangen. Der Skandinavier geht dabei genau nach Plan vor: Zuerst kommt die Vorspeise mit Hering, dann Räucherlachs oder Krabben und Muscheln. Als Nächstes kommt das Fleischgericht mit Gemüse, danach Obst und Käse und am Ende der Pudding. Knäckebrot findet man bei jedem kalten Büfett.

Lebensmittel

Nun stellt sich für den **Selbstverpfleger** vor der Abreise die Frage, welche Lebensmittel er schon zu Hause kaufen soll und welche er im Urlaubsland vielleicht billiger bekommt. Da das Fahrzeug über Zollgrenzen bewegt wird, sollte man einen Blick auf die **Einreisebestimmungen** werfen, z. B. auf der Website des Auswärtigen Amtes, www.auswaertiges-amt.de.

Dabei stellt man fest, dass es u. a. verboten ist, Frischfleisch, Eier, Milch und Kartoffeln nach Skandinavien einzuführen. Milchprodukte, Backwaren und Fisch sind oft sowieso preiswerter als bei uns. Hagebuttenmarmelade, die man von Skandinavien nach Europa exportiert, wird sogar eimerweise verkauft.

Auch wenn Lebensmittel in Skandinavien teurer und Auswahl und Verfügbarkeit deutlich schlechter sind als zu Hause, sollte man sich überlegen, ob man sein ganzes Auto mit heimischen Lebensmitteln vollstopfen will; schließlich ist Einkaufen und Essen ein Teil der Kultur des Gastlandes.

Die **Preise für Alkohol** sind in Schweden und Finnland seit der EU-Zugehörigkeit zwar gefallen, dennoch ist auch heutzutage in Schweden das Glas Bier doppelt so teuer wie bei uns.

Landkarten

Wer nur auf den Hauptstraßen direkt zum Nordkap will, kommt meines Erachtens mit einem herkömmlichen **Autoatlas** aus. Wer aber auf Nebenstrecken und in einsameren Gegenden fährt, der wird natürlich eine genauere Karte benötigen, die mehr Detailinformationen bietet. In den Ländern bekommt man die meisten der im Folgenden aufgeführten Karten, für eine bessere Planung lohnt es sich aber, die Karten schon hier zu kaufen, auch wenn man für einige dann tiefer in die Tasche greifen muss.

Die folgende Liste ist eine Auswahl der derzeit lieferbaren Karten, die ich für am geeignetsten halte, sortiert nach Ländern und in der Reihenfolge der **Maßstabgröße.** Je höher die Zahl hinter der eins, desto kleiner ist die Abbildung des Landes. 1 : 200.000 bedeutet: 1 cm auf der Karte entspricht in der Realität 200.000 cm, also zwei Kilometer. Ein **(A)** hinter dem Maßstab bedeutet „Autokarte".

Die bei den Routenbeschreibungen abgebildeten Teilkarten stammen aus diesen beiden Karten des world mapping project

Skandinavien

- **Finnland, Nordskandinavien** und **Südschweden, Südnorwegen,** beide 1 : 875.000, **Schweden, Süd,** 1 : 500.000, world mapping project, Reise Know-How Verlag. Gute Übersichtskarten für die Routenplanung.

- **Skandinavien,** 1:250.000/1:400.000. Kartenatlas mit Stadtplänen, Freytag & Berndt.

Norwegen

- **Reisekarte Norwegen in fünf Blättern,** Freytag & Berndt 1:325.000–400.000 (A).
Die beste und detaillierteste Autokarte, man kann sie auch als Fahrradkarte verwenden; eine Lizenzausgabe der norwegischen Serie von Cappelen, die Blätter 4 und 5 decken Norwegisch-Lappland ab. Karten von Cappelen sind in Norwegen preiswert und überall erhältlich.
- **Turistkart Nordkapp,** 1:80.000 (A).
Topografische Karte, z.B. an der Touristinfo in Honningsvåg erhältlich.
- **Veiatlas Norge,** Autoatlas, 1:30.000.
230 Seiten, 50 Stadtpläne, über Nordis.

Schweden

- **Straßenkarte Schweden in 8 Blättern,** Kümmerly + Frey 1:300.000 (A).
Gute, detaillierte Straßenkarte, eine Übernahme des Schwedischen Landesvermessungsamtes; die Einzelblätter überschneiden sich stark, man braucht sicher nicht alle (Lappland Blatt 8).
- **KAK-Autoatlas,** 31 Karten im großen Maßstab 1:275.000, deutsche Legende, Stadtpläne (Stadtpläne findet man auch in jedem Telefonbuch).

Eine aktuelle Baustellenkarte gibt es unter www.trafikverket.se

Finnland

In größeren Orten gibt es Kartenhandlungen *(Karttakeskus),* auf dem Land kauft man an der Tankstelle oder am Kiosk. Alle Karten gibt es in Helsinki-Karttakeskus, in der Opsastinsilta 12 und in der Eteläesplanadi 4.

Karten für Navigationsgeräte

Für diesen Bereich gibt nur zwei Hersteller: die niederländische Teleatlas (www.teleatlas.com, gehört mehrheitlich TomTom) und der US-Betrieb Navteq (www.navteq.com).

- Im **Internet** kann man sich gutes Material herunterladen: www.tieh.fi/kartta/kartta.htm.
- **Finnland,** RV 1 : 800.000 (A).
  Gute Straßenkarte für den Überblick.
- **Suomen Tiekartta (GT),** 1 : 200.000 (A).
  Amtliche Straßenkarte in 19 Blättern (Norden: Nr. 14–19); sehr gute Karte, dreisprachig. Tierkartasto heißt die 300-seitige, viersprachige gebundene Ausgabe.
- **Kesän Tietyöt,** Karte der zu erwartenden Baustellen in Finnland; erscheint jährlich neu, ist aber nur in Finnland bei den Straßenämtern zu bekommen.

Wer sich für das Thema Karten interessiert, wie man sie liest, wie sie entstehen und welche Karten es gibt, der sollte sich folgende Reiselektüre in sein Gepäck stecken:

- Wolfram Schwieder: **Richtig Kartenlesen.** Reise Know-How Verlag.

Übernachten

Wer mit dem eigenen Auto unterwegs ist, dem werden in Lappland mit der Übernachtung keine Probleme entstehen. Wer auf eine warme Dusche verzichten kann und Natur und Einsamkeit liebt, findet überall ein Plätzchen am See oder Fluss. Auch die **Rastplätze** an den Hauptstraßen sind oft so schön gelegen, dass sie zum Verweilen einladen. Hier hat man meist noch den Luxus einer Toilette und eines Tisches. Zur Hauptreisezeit sind die schönsten Plätze auf der Route zum Nordkap stets belegt.

Wer die ganz einsamen Stellen abseits der Hauptstraßen sucht, muss sich darüber im Klaren sein, dass Seitenwege oft **Zufahrtswege zu Wohnhäusern** sind, die vielleicht 2–3 km entfernt liegen.

Jedermannsrecht

Jeder Bürger hat in Skandinavien seit alters das Recht, sich auf Grund des so genannten Jedermannsrechtes frei in der Natur zu bewegen. Dieses Recht auf den Aufenthalt in der freien Natur und eine Reihe von anderen Jedermannsrechten wurden gesetzlich geregelt. Danach ist ebenso jedermann verpflichtet, sich auf fremdem Boden und Gewässer umweltfreundlich zu verhalten, damit dem Besitzer oder anderen kein Schaden entsteht.

Wenn man auf solchen Wegen parkt, muss man unter Umständen den Platz räumen, wenn ein Anlieger mit seinem Auto durch will. Ein ziemlich sicheres Zeichen für solche Zufahrtswege sind die Briefkästen oder Milchflaschenhäuschen am Abzweig.

In Finnland sind fast alle **Seeufer** bewohnt. Die Wege dorthin sind dann immer Zufahrtsstraßen. Auch **Stege** am See- oder Flussufer sind nicht für badefreudige Touristen aufgestellt, sondern in der Regel vom Besitzer des Sees, damit er angeln kann. Er wird sicher nicht erfreut sein, wenn ihm planschende Leute die Fische verjagen. Grundsätzlich hat aber kein Mensch etwas dagegen, wenn man sich an derartigen Stellen niederlässt, es kommt eben auf die Vorgehensweise an. Zuerst die Umgebung des auserkorenen Lagerplatzes zu Fuß allein oder zu zweit erkunden. Steht irgendwo ein Haus, frage man dort nach, ob jemand etwas dagegen hat, wenn man dort ein oder zwei Tage rastet. Dies kann man z. B. mit dem Holen von Frischwasser verbinden – da es im Norden nicht an jeder Ecke Trinkwasser gibt, muss man sich privat versorgen.

Am sichersten übernachtet man auf den zahlreichen **Campingplätzen,** die im Buch oft mit „CA" abgekürzt sind. Diese können internationalen Standard haben, oder auch nur eine private Wiese sein.

017nk Abb.: Gaby Bohle/IN

Durch Norwegen – Fjorde, Gletscher und Trolle

Wer sich für die Anreise über Norwegen entscheidet, hat den längsten Weg vor sich. Man kann zwar etwas abkürzen, indem man von Deutschland mit einer Fähre nach Oslo fährt, aber insgesamt ist die Strecke erheblich länger, da sich die Straße oft an den Ufern der Fjorde entlangwindet. Autobahnen sind selten. Überhaupt wurden Straßen in Norwegens Norden erst Anfang des 20. Jh. gebaut. Das ist nicht verwunderlich, seit den Wikingern sind die Norweger ein Volk der Seefahrer und warum soll man sich über Land durch die Berge quälen, wenn der Weg über das Meer auch noch schneller geht? Manche Straßen ziehen sich weit mit den Fjordufern ins Landesinnere, bis der Fjord schmal genug für eine Brücke ist. Dann geht es am anderen Ufer wieder zum Meer zurück. Das verschlingt Zeit und Kilometer. Trotzdem ist es ein faszinierender Weg voller grandioser Eindrücke. Man weiß gar nicht, wohin man zuerst schauen soll, das Meer, die Inseln, steile Berge, riesige Wasserfälle. Hier sind die Besitzer von Alkoven-Wohnmobilen im Nachteil, sie können bei der Fahrt nicht durch ein Glasdach nach oben schauen ...

Telefonvorwahl Norwegen: *0047*

Die Straßen

Norwegen ist ein reiches Land, alle Straßen haben mittlerweile einen festen Belag. Die Höchstgeschwindigkeit beträgt innerorts 50 km/h, außerhalb 80 km/h und auf der Autobahn 90 km/h. Wohnmobile ab 3,5 t dürfen auf Autobahnen nur 80 km/h fahren, ungebremste Gespanne über 300 kg Gewicht 60 km/h. Bei Gespannen ab 2,30 m Breite müssen die Rückspiegel an der Vorderseite weiße Reflektoren haben, insgesamt dürfen die Fahrzeuge 2,55 m breit sein. Ein Fahrzeug darf 18,75 m lang sein.

Tunnel und Brücken sind oft privat finanziert und daher mautpflichtig. Viele mautpflichtige Straßen sind mit automatischen Erfassungssystemen ausgestattet. Urlauber zahlen bar oder mit Kre-

Pannenhilfe in Norwegen
NAF: 08505
KNA: 21604900
Viking: 06000
Falck: 02222
Straßenzustandsbericht: 175
(Bandansage auf Norwegisch, Englisch und Deutsch)

ditkarte. An den Fahrspuren zur automatischen Erfassung steht *„Ikke stopp"* (nicht halten). Wenn es nur ein automatisches System gibt, muss man zu Hause die Rechnung abwarten. Manchmal kann man an Tankstellen bezahlen, Infos (zur Online-Bezahlung): www.autopass.no. Strassenzustandsberichte Tel: +47 915 02030, www.vegvesen.no.

Die Campingplätze

Im ganzen Land gibt es über 1000 Plätze, ein Drittel davon sind auch im Winter geöffnet. Der Automobilclub NAF betreibt über 250 eigene Plätze, der Norwegische Caravan Club NCC besitzt 180. Wer nicht im Wagen bleiben will, kann auf den meisten Plätzen feste Hütten mieten. Campingplätze im Norden sind eher für Durchreisende, die nur eine Nacht rasten wollen. Hier gibt es selten mehr als einen Kiosk. Campingkarten CCS (Camping Card Scandinavia) bekommt man über die Website www.camping.no für ca. 120 NOK/Jahr.

- **Gas:** Gasflaschen aus Deutschland werden nicht gefüllt, die AGA Gas hat ein eigenes System. Deren Flaschen kann man ausleihen. Den Adapter zum Anschluss an das Fahrzeugnetz bekommt man im Zubehörhandel in Deutschland oder in Norwegen. Wer einen fest eingebauten Gastank hat, nutzt Tankstellen u. a. in Oslo: Shell, Esso, Statoil; Gardermoen: Statoil ICA; Ringebu: RM-Gass; Lillehammer: Shell; Larvik: NorgesGass; Hønefoss: Ringeriksgass; Gol: RV-7 Bilistsenter; Kongsberg: Kongsberg Gass; Porsgrunn: Shell; Trondheim: AGA, Shell, Esso; Steinkjer: DSP Steinkjer; Bodø: Stormyra Bilistsenter; Svolvaer: LPG Industriveien; Sortland: LPG Sortland; Narvik: Holmlund Oljeservice; Mo i Rana: Shell, BilXtra; Mosjøen: LPG Mosjøen; Tromsø: Esso; Alta: Pedersen Varmeservice.
- **Strom:** Der Strom fürs Wohnmobil muss immer extra bezahlt werden, die heiße Dusche gibt es meist nur über einen Münzautomaten. Stromanschlüsse besitzen oft keine CEE-Dose, sondern nur einen Schuko-Anschluss. Dafür sind sie aber öfters mit 16 Ampere abgesichert, was die Benutzung eines Heizlüfters möglich macht.
- **Wasser:** Frischwasser läuft aus üblichen ½- oder ¾-Zoll-Hähnen.
- **Abwasser:** Entsorgungsstationen für Womos gibt es nur auf den Plätzen und Tankstellen im Süden des Landes, die meisten Plätze haben jedoch Bodenbehälter zum Ablassen der Tanks im Fahrzeug.

Die Strecke

Von Deutschland kann man mit der Fähre von Kiel aus nach Oslo kommen. Diese Verbindung ist relativ teuer und dauert am längsten. Alternativ kann man über die Vogelfluglinie nach Dänemark fahren und von Kopenhagen das Schiff nach Oslo nehmen. Oder man fährt in Kopenhagen über die Öresundbrücke nach Malmö in Schweden und dort nach Norden auf der E 6 parallel zur Ostsee über Göteborg bis zur norwegischen Grenze am 1 **Svinesund.** Parallel zu der 1946 errichteten, 420 m langen und 60 m hohen Svinesund-Brücke wurde zur Verkehrsentlastung im Juni 2005 eine 704 m lange neue Brücke eingeweiht – die längste Ein-Bogen-Brücke der Welt.

Die E 6 ist Norwegens längste Straße, sie führt durch das ganze Land, 2502 km von Oslo bis zum östlichen Ende in Kirkenes an der russischen Grenze.

Übernachten in Moss
NES Camping auf der Halbinsel Jeløy bei Moss

Nach der Grenze bleibt man auf der E 6 in Richtung Oslo. Die Ostsee reicht mit ihrem Meeresarm bis zur Hauptstadt ins Landesinnere herein. Rechts liegt ❷ **Halden,** früher war es einer der wichtigsten Hafenorte Norwegens mit der Festung Fredriksten aus dem 17. Jh. Links zum Fjord erstreckt sich bald das für seine Altstadt bekannte ❸ **Fredrikstad.** Bei ❹ **Moss** kommt die Straße wieder an den Fjord, der Verkehr wird dichter und nun ist es nicht mehr weit zum ersten Verteilerkreis in ❺ **Oslo.**

Information

- ***Touristinfo Oslo,*** *am Rathaus: Fridtjof Nansens plass 5, Eingang Roald Amundsens gate, 0160 Oslo, Okt.-März 9-16 Uhr, April/Mai/Sept. 9-17 Uhr, Juni-Aug. 9-19 Uhr. Jernbanetorget 1, neben dem Hauptbahnhof: Mo-Fr 7-20 Uhr, Sa/So 8-18 Uhr. Tel. 81530555, www.visitoslo.com*
- ***Norwegischer Touristenverein,*** *Youngstorget 1, 0181 Oslo, Tel. 4000 1868, www.turistforeningen.no*

Oslo – Königshaus und Kunstmetropole

Die Hauptstadt Norwegens ist mit rund 475.000 Einwohnern die größte Stadt des Landes. Wer Oslo umgehen will, kann von Frederikshavn (DK) nach Larvik (N) fahren, das ist aber ein Umweg. Ein Besuch Oslos lohnt auf jeden Fall. Zu sehen gibt es weltberühmte Museen auf der Bygdøy-Halbinsel, den Vigeland-Park und die Munch-Gemälde-Sammlung. Wer kein Museumstyp ist, findet in den reichlich vorhandenen Grünanlagen ausreichend Gelegenheit, sich zu entspannen (Botanischer Garten in Tøyen).

Stadtgeschichte

Erstmalig wurde vom König Hårdråde im Jahre 1047 östlich des heutigen Oslo eine Stadt errichtet. Sie entwickelte sich zu einem florierenden Handelsplatz und in den Jahren 1066–93 wurde eine Kirche erbaut (St. Hallvardskirche), deren Ruinen noch heute besichtigt werden können.

Unter König Håkon V. (1300) wurde Oslo zur wichtigsten Residenz des Landes, obwohl hier nur

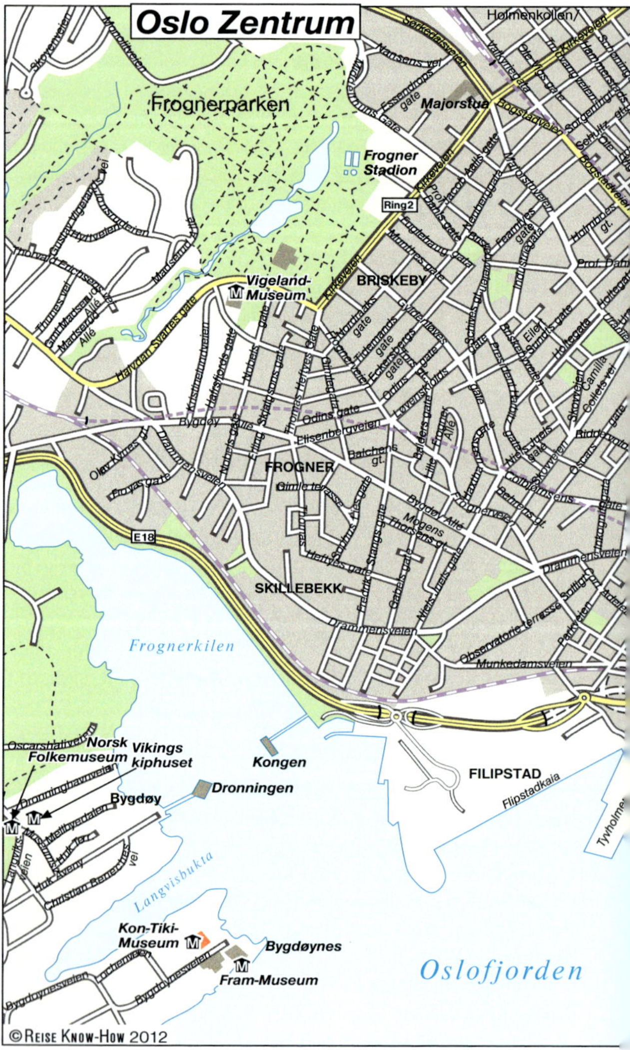
Oslo Zentrum
Frognerparken
Frogner Stadion
Majorstua
Holmenkollen/
Vigeland-Museum
BRISKEBY
FROGNER
SKILLEBEKK
Ring2
E18
Frognerkilen
Norsk Folkemuseum
Vikings kiphuset
Kongen
Dronningen
Bygdøy
FILIPSTAD
Flipstadkaia
Langvisbukta
Kon-Tiki-Museum
Bygdøynes
Fram-Museum
Oslofjorden
©Reise Know-How 2012

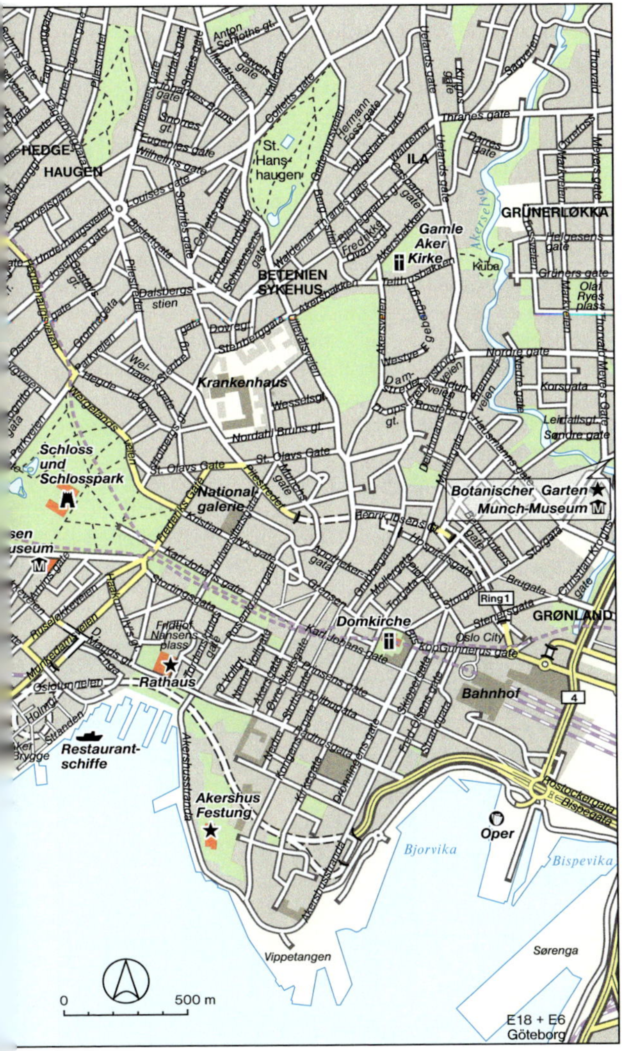
HEDGE-
HAUGEN
St.
Hans-
haugen
ILA
GRÜNERLØKKA
Gamle
Aker
Kirke
Kuba
Olaf
Ryes
plass
BETENIEN
SYKEHUS
Krankenhaus
Schloss
und
Schlosspark
National-
galerie
Botanischer Garten
Munch-Museum
Domkirche
GRØNLAND
Oslo City
Bahnhof
Fridtjof
Nansens
plass
Rathaus
Restaurant-
schiffe
Akershus
Festung
Oper
Bjorvika
Bispevika
Sørenga
Vippetangen
Ring 1
4
0
500 m
E18 + E6
Göteborg
Karl Johans gate
Stortingsgata
Prinsens gate
Tollbugata
Rådhusgata
Kirkegata
Dronningens gate
Akershusstranda
Wergelandsveien
Pilestredet
Ullevålsveien
Thranes gate
Uelands gate
Akerselva
Storgata
Brugata
Hospitalsgata
Henrik Ibsens Gt.
St. Olavs Gate
Kristian IV's gate
Frederiks Gate
Haakon VII's gt.
Ruseløkkveien
Munkedamsveien
Oslotunnelen
Stranden
Rostockergata
Bispegata
Christian Krohgs gate
Nordre gate
Korsgata
Søndre gate
Thorvald Meyers Gate
Markveien
Helgesens gate
Grüners gate
Dalsbergstien
Dovregt.
Steenberggata
Wesselsgt.
Nordahl Bruhns gt.
Akersveien
Bislettgata
Sporveisgata
Collettsgate
Vidars gate
Sofies gate
Louises gate
Eugenies gate
Wilhelms gate
Anton Schiøths gt.
Pavels gate
Vallegata
Hermann Foss' gate
Fossveien
Sagveien
Thorvald
Dartes gate
Keysers gate
Telthusbakken
Akersbakken
Hausmanns gate
Fredensborgveien
Maridalsveien
Møllergata
Torggata
Grubbegata
Apotekergata
Grensen
Universitetsgata
Rosenkrantz' gate
Tordenskiolds gate
Øvre Vollgate
Nedre Vollgate
Akersgata
Øvre Slottsgate
Nedre Slottsgate
Kongens gate
Skippergata
Fred. Olsens gate
Strandgata
Karl Johans gate
Biskop Gunnerus gate
Stenersgata
Kirkeveien
Parkveien
Holmegata
Aker Brygge

3000 Menschen wohnten. Allerdings war die Stadt nicht einfach zu verteidigen. Aus diesem Grunde legte man gegen Ende des 13. Jh. eine Festung auf dem Akersneset an. 550 Jahre blieb diese Festung Akershus intakt. Der Verteidigungswert für die Stadt selbst war aber recht gering, da der Ort noch vor der Festung lag. Im Jahre 1624 löste sich dieses Problem durch einen Großbrand von selbst, der das ganze alte Oslo vernichtete.

Die neue Stadt wurde nach Plänen des Dänisch-Norwegischen Königs Christian IV. an strategisch günstigerer Stelle hinter der Festung gebaut (der heutige Standort). Man gab der neuen Stadt den Namen Christiania. Zur Hauptstadt wurde Christiania aber nicht, da durch die Union mit Dänemark der Königssitz in Kopenhagen lag.

1814 wurde diese Verbindung aufgelöst. An ihre Stelle trat die Union mit Schweden. Nun wurde Christiania zur Hauptstadt. In dieser Zeit entstanden die meisten repräsentativen Gebäude wie das Schloss, die Universität, die Börse, das Parlamentsgebäude, mehrere Theater und Museen.

1924 feierte man das 300-jährige Stadtjubiläum und beschloss, ihr wieder den Namen Oslo zu geben. Ein Wahrzeichen der Stadt ist das Rathaus mit seinen beiden massigen Türmen und der Großen Halle mit dem Monumentalgemälde von Henrik Sørensen. Hier wird jedes Jahr der Friedensnobelpreis verliehen.

006nk Abb.: fh

Sehenswertes

Karl Johans Gate ist die prächtige Hauptstraße zwischen Schloss und Hauptbahnhof. Zwischen dem Parlament Stortinget und dem Nationaltheater liegt Studenterlunden mit seinen Cafés und Restaurants. Nahe der Karl Johans Gate befinden sich das Künstlerrestaurant Blom, das Theatercafé und das traditionsreiche Grand Café mit dem Wandgemälde ehemaliger Besucher, u. a. Ibsen und Bjørnson. Außerdem ist die Karl Johans Gate die Haupteinkaufsstraße. Jüngere Leute leben im Stadtteil Grünerløkka.

Es gibt in Oslo ein großes Angebot an guten Museen. Direkt gegenüber vom Hafen liegt die **Museums-Halbinsel Bygdøy.** Hier hat man sechs Museen gebaut, die alle zu empfehlen sind. Man erreicht die Insel mit der Fähre, die im Sommer alle 40 Min. vom Hafen (Rathuskai 3) aus verkehrt oder mit dem Bus 30. Auf der Insel selbst sind alle Gebäude zu Fuß zu erreichen.

Das **Kon-Tiki-Museum,** direkt am Fährhafen, zeigt das Floß und andere Gegenstände der Expedition, die Thor Heyerdahl 1947 durchführte. Damals segelten er und fünf Freunde von Südamerika über den Pazifik nach Polynesien.

Das **Fram-Museum** liegt direkt am Fährhafen; die Fram ist das Schiff, mit dem ↗Fridtjof Nansen 1893–96 zum Nordpol und Roald Amundsen 1910–12 zum Südpol reisten. Das Museum wurde um das Schiff herumgebaut.

Das **Vikingskipshuset,** Huk Aveny 35, zeigt drei komplette Wikingerschiffe, die in Norwegen ausgegraben wurden; unter anderem das weltberühmte Oseberg-Schiff.

Die anderen Museen sind im ganzen Stadtgebiet verteilt; z. B. das **Munch-Museum,** Tøyengatan 53, Bus 29 bis Sørligatan, Bus 20 bis Museum oder U-Bahn bis Tøyen, das Vermächtnis Edward Munchs ist ein Muss für Expressionismusliebhaber.

Die **Festung Akershus** (14. Jh.) beherbergt heute Repräsentationsräume und kann bei einer Führung besichtigt werden. In der Festung befindet sich das Verteidigungsmuseum, das den Widerstandskampf gegen die deutsche Besatzung zeigt. Öffnungszeiten (im Sommer) Di–So 10–16 Uhr.

◀ *Das Rathaus – das Wahrzeichen der Stadt*

Fritjof Nansen und der Weg zum Nordpol

Der Name Nansen steht für eine der ungewöhnlichsten Entdeckungsreisen in der Geschichte der Seefahrt. Mit reichlicher Unterstützung von Regierung und privaten Sponsoren lies er sich die Fram (deutsch: Vorwärts) bauen. Sie wurde von dem genialen Konstrukteur Colin Archer entworfen und war eins der seetüchtigsten Schiffe seiner Zeit, 39 m lang und 11 m breit. Zusätzlich wurde der Rumpf verstärkt und so gestaltet, dass er beim Einfrieren nicht vom Eis zerquetscht wurde, sondern aus dem Eis nach oben gedrückt wurde.
Nansens Ziel war der Nordpol. 1893 brach er mit 12 Begleitern von Tromsø zur Insel Nowaja Semlja auf. Die Idee war, sich mit dem Schiff im Packeis einfrieren zu lassen und mit den wandernden Eismassen zum Nordpol zu gelangen. Im Polarmeer angekommen, ließ Nansen die Fram tatsächlich mit der Eisdrift nach Norden schieben. Die Zeit wurde für Messungen der Meeres- und Eisverhältnisse genutzt. Nach anderthalb Jahren wurde klar, dass die Drift weit südlich vom Pol vorbeiführte. Daraufhin stiegen Nansen und Johansen am 14.03.1895 aus und machte sich per Hundeschlitten und auf Skiern auf den Weg zum Pol. Sie erreichten allerdings „nur" 86°14' nördliche Breite und schlugen sich zur Forschungsstation Franz-Josef-Land durch, wo sie überwinterten. Am 17. Juni 1896 fand sie zufällig eine britische Expedition, die sie nach Tromsø zurückbrachte. Eine Woche später traf dort auch die Fram ein, die kurz zuvor nordwestlich von Spitzbergen aus dem Eis gebrochen war. Sie galt als verschollen. Die Fram begleitete später noch Roald Amundsen auf einer Expedition und ist im Original im Museum zu bestaunen.

Die neue **Oper,** unweit vom Bahnhof am Hafen, mit ihrem begehbaren Dach ist ein architektonisches Kleinod, Tickets: Tel. 81544488, www.operaen.no.

Vigeland-Museum und -Anlage (Frogner Park), eine ganze Skulpturenwelt aus Stein, alles von einem Mann geschaffen. Das sollte man unbedingt ansehen, einfach überwältigend! Im Vigeland-Museum, gleich neben dem Park, gibt es weitere 1650 Plastiken vom selben Künstler zu sehen. Das Museum war früher das Atelier des Meisters. Im Park steht unter anderem ein 17 m hoher Obelisk aus einem Stück, in den 121 Figuren gemeißelt wurden. Der Park ist das ganze Jahr rund um die Uhr geöffnet (freier Eintritt), das Museum Di–Sa 10–18, So 12–19 Uhr.

▲ *Wikingerschiff im Vikingskipshuset*

An den Hügeln im Norden der Innenstadt liegt das berühmte Skigebiet **Holmenkollen.** Man erreicht es mit der T-bane (U-Bahn) Nr. 1 vom Zentrum in 20 Minuten. Auf dem 371 m hohen Berg im Norden Oslos hat man sommers wie winters eine herrliche Aussicht auf die Stadt. Die alte Sprungschanze, einst Wahrzeichen, wurde abgerissen. Die neue kann seit 2010 bestiegen und sogar mit einem Lift befahren werden. Das angeschlossene Skimuseum ist geöffnet: Okt–April 10–16 Uhr, Mai–Sept. 10–17 Uhr, Juni/Juli/August 9–20 Uhr. Einkehren kann man in der Frognerseteren-Hütte (am Ende der T-1) mit Panoramablick.

Oslo-Karte

Mit der Oslo-Karte (1 Tag 230 NOK, 2 Tage 340 NOK, 3 Tage 430 NOK) darf man in den öffentlichen Nahverkehrsmitteln umsonst fahren und Boots- und Busrundfahrten zum halben Preis machen. Zur Karte gibt es einen Haltestellenplan der Linien. Auch für Autofahrer ist gesorgt, es gibt Rabatt beim Tanken und man parkt ohne weitere

Campingplätze

- *NAF-Bogstad, Tel. 22 510800. 10 km vom Zentrum nach Nordwesten; Drammens-, Park-, Hedgehaugs-, Bogstadt- und schließlich Sørkedalsveien. Vom Hafen kostenloser „Lotsendienst". Ganzjährig, 1000 Plätze (Womo 255 NOK). Dieser Platz ist meiner Ansicht nach ziemlich heruntergekommen.*
- *NAF-Ekeberg, Tel. 22 198568. Über Kanowsgats-Brücke nach Ekeberg. Gute Busverbindung vom Zentrum. Tolle Aussicht auf Oslo, Hafen, Berge. 1.6.-30.8. (Womo 225 NOK).*
- *Oslo Fjordcamping Stubljan, Tel. 22 752055, 10 km südlich von Oslo nahe der Straßen E 18/E 6 am Fjord. 1.6.-30.8 (Womo 200 NOK).*
- *Hersjøen, Tel. 22 97036. 50 km nördlich von Oslo in 2072 Dal-Ullensacker an der E 6. Ganzjährig.*

Kosten. Die Karte gibt es in vielen touristischen Einrichtungen, den Kiosken mit der Aufschrift „Narvesen" und Hotels.

Shopping-Zentren

- **Aker Brygge,** am Kai beim Rathaus. In den 60 Shops und 35 Restaurants in den Arkaden mit viel Glas gibt es alles. Hier findet auch das (nicht gerade billige) Nachtleben statt.
- **Galerie Oslo** ist die längste überdachte Fußgängerzone Europas, Stenersgate 1 (am Bahnhof), geöffnet 9–21 Uhr.
- **GlasMagasinet** heißt das berühmteste Kaufhaus von Oslo, seit 1739 am Stortorvet 9.
- **Byporten Shopping,** der neueste Konsumpalast am Bahnhof mit mehr als 70 Läden, 10 Restaurants etc.
- **Oslo City** hat über 80 Läden, Bahnhofsnähe, Stenersgate 1.
- **Steen & Strøm,** der größte Kaufpalast, Kongens Gate.

„In"-Viertel sind Bogstadveien im Stadtteil Majorstua und das ehemalige Arbeiterviertel Grünerløkka mit vielen Kneipen und Restaurants.

Verkehr/Parken

Wer mit dem Auto in die City will, muss an einer der 18 Mautstellen oder einer Esso Tankstelle 25 NOK bezahlen. An Mautstellen mit mehreren Möglichkeiten wählt man die Spur „manuell" (Kassenhäuschen) oder „mynt/coin" (Münzautomat). Bei der Autopass-Spur steht meist „fullautomatisk bomstajon". Hier fahren Osloer mit automatischen Lesesystemen ohne Halt durch. Ausländer, die es ihnen gleichtun, bekommen dann Monate später die Rechnung aus Norwegen zugeschickt. Die größte Verkehrsberuhigung erfuhr Oslo allerdings mit der

Eröffnung des Rathaustunnels (kostenlos). Seitdem rauscht der Verkehr unter der Innenstadt durch.

Parken in der City ist schwierig: Oslo ist in eine innere (Zentrum vom Schlosspark bis zum Akerselv) und eine äußere Parkzone aufgeteilt. An Werktagen 8–17 Uhr gilt: An den roten Uhren kann man eine Viertelstunde, an den gelben eine, an den grauen zwei und an den braunen drei Stunden parken. Es gibt auch private Parkhäuser/Parkplätze, wo man seinen Pkw gegen Gebühr für einen längeren Zeitraum abstellen kann. An Bus- und Straßenbahnlinien gelten die selben Bestimmungen wie in der inneren Zone.

Automobilklubs

- *Norwegischer Automobilklub (NAF), Storgatan 2, Tel. 22 341400, www.naf.no*
- *Kongelik Norsk Automobilklub (KNA), Cort Adelersgt. 16, Oslo, Tel. 21 604900, www.kna.no*

Fähren

- *Color Line, Terminalen, Hjortnes, Oslo, Tel. 22 81000811, www.colorline.no*
- *Stena Line, Jernbanetorget 2, Oslo 1, Tel. 23 179130, www.stenaline.de*

Gebührenpflichtig sind die Strecken Oslo – Drammen und Oslo – Hønefoss, hier muss man etwa 10 NOK Maut *(bompenger)* bezahlen.

Oslo – Lillehammer (175 km)

Auf der E 6 erreicht man nach etwa 45 km den Abzweig nach 6 **Gardermoen,** wo sich der internationale Flughafen der Hauptstadt befindet. Nun sind es noch 25 km bis 7 **Eidsvoll,** wo am 17. Mai 1814 das norwegische Grundgesetz beschlossen wurde. Weiter geht es am rechten Ufer des Mjøsa-Sees entlang, mit 362 km², und 100 km Länge ist er der größte See Norwegens. In Tangen am Mjøsa-See liegt der Campingplatz Tangenodden mit der Möglichkeit zum Baden und Angeln. Hier gibt es auch einen Imbiss und die Möglichkeit Hütten zu mieten. Der Platz liegt

Übernachten in Lillehammer

Eine Möglichkeit ist der Campingplatz in der Dampsagveien 47 unweit des Zentrums am Anleger des alten Raddampfers Skibladner. Da viele Straßen Richtung See Sackgassen sind, muss man einen ziemlichen Umweg fahren. Ruhiger ist die Übernachtung 15 km nördlich auf dem Platz Hunderfossen bei Fåberg.

25 km südlich von **8 Hamar,** etwa 3 km abseits der E 6, von Oslo sind es 100 km. Ebenfalls am See liegt die Olympiastadt **9 Lillehammer.** Wer in Lillehammer etwas Zeit hat, kann das Freilichtmuseum Maihaugen besuchen, in dem Gebäude aus ganz Norwegen zusammengetragen wurden – unter anderem die alte Stabkirche aus Garmo. Als Alternative zur E 6 (Strecke 180 km lang, aber besser ausgebaut) kann man von Oslo die reizvolle 170 km lange Straße 4 über **10 Gjøvik** nach Lillehammer fahren.

Lillehammer – Trondheim (357 km)

Nun geht die Fahrt durch das naturschöne Gudbrandsdal, das von seiner Bauernkultur geprägt ist.

Kurz hinter Lillehammer kann man auf der Straße 255 durch das Gausdal und das Espedal eine landschaftlich interessante Alternativroute wählen, die 25 km länger ist und z. B. 11 Aulstad, die Heimatstadt von Literatur-Nobelpreisträger Bjørnstjerne Bjørnson, oder alte Bergwerke besuchen.

In **12 Ringebu** steht eine ↗Stabkirche, die um 1200 er-

baut und im 17. Jh. erweitert wurde. Gleich in der Nähe befindet sich der denkmalgeschützte Ringebu Prestegård, ein Pfarrhof mit Museum und Kunstgalerie.

In **13** **Hundorp** gibt es ein Kulturzentrum auf dem Hof von Dale Gudbrand, nach dem das Gudbrandsdal benannt wurde. Schon in der Heldendichtung Edda wird von diesem Ort, 70 km nördlich von Lillehammer, berichtet. Der Eigner hatte sich 1021 mit dem König angelegt.

14 **Vinstra,** der nächste Ort an der E 6, ist bekannt durch seine ↗Peer-Gynt-Festspiele. Man hat hier einen Gedenkstein für die Hauptperson des Dramas von Henrik Ibsen errichtet. Von Oslo bis Vinstra sind es 265 km.

Nun geht es entlang des Flusses Gudbrandsdalslagen zum Verkehrsknotenpunkt **15** **Dombås,** von wo man einen herrlichen Blick über das Romsdalen hat. Im Trollpark von Dombås werden die Trolle der Märchen zum Leben erweckt. Übernachten: CA Faksfall, 5 km südöstlich.

Peer Gynt

Peer Gynt ist der Held der bekannten norwegischen Sage. Über ihn hat Henrik Ibsen 1896 sein gleichnamiges Schauspiel geschrieben. Dieser Peer Gynt ist ein Jäger, der in den Bergen umherzieht. Dort streitet er sich oft mit den Bergtrollen, die ihm die Jagd vereiteln und den Zutritt zur Sennhütte versperren wollen. Peer kann sie aber jedes Mal vertreiben. Als ein Troll seine Nase zum Hüttenfenster hereinsteckt, bekommt er heiße Suppe darüber gegossen. In einer Hütte kommt Peer gerade hinzu, als vier Trolle die Sennerinnen vergewaltigen wollen. Der Held fackelt nicht lange, erschießt den einen, erschlägt den nächsten. Während sein Hund den dritten ins Herdfeuer wirft, entkommt der letzte durch den Kamin. Für Ibsen waren dies alles Erzählungen, die sich mit dem Ungestüm der Jugend, aber auch der Lebenslüge auseinandersetzen. In seinen Stücken kamen auch - volkstümlich verpackt - psychoanalytische Erkenntnisse zum Tragen. Damit war er der Wegbereiter des Naturalismus im europäischen Theater. Diese Tradition wird in den Peer-Gynt-Festspielen fortgeführt.

Stabkirchen/Holzkirchen

Die exotisch aussehenden Holzkirchen findet man in Lappland und in Norwegen. Beim Bau wurden lange Pfähle in die Erde gerammt und mit Querbalken verbunden. Die Anzahl der Pfähle, „staver" (Masten) genannt, bestimmte die Form und Größe der Kirche. Auffällig sind auch die Dachkonstruktionen mit ihren vielen, ineinander geschachtelten Gauben. Die Glocken hängen in separaten Türmen, denn durch die Schwingungen der Glocken beim Läuten würde die Holzkonstruktion Schaden nehmen. Viele Kirchen besitzen Aufenthaltsräume, damit sich Besucher von weit her aufwärmen konnten. Im Inneren präsentieren sich die Kirchen meist schlicht. Ursprünglich gab es in ihnen nur wenige runde Lichtöffnungen. Die neueren Kirchen haben allerdings große Fenster, durch die viel Licht fällt, was für eine gemütliche Atmosphäre sorgt. Die Einrichtung ist ebenfalls aus Holz, obwohl sich einige Gemeinden das „Aufpeppen" nicht nehmen ließen. Da tritt man ins Innere und findet sich von marmorner Pracht umgeben. Bei genauerem Hinsehen entpuppt sich dann allerdings alles als aufgemalt. Da die zum UNESCO-Weltkulturerbe gehörenden Kirchen immer weiter verfallen, wurde ein staatliches Restaurierungsprogramm mit Zuschüssen von 398.000 € ins Leben gerufen. Die Kirchen von Urnes, Nore und Uvdal wurden bereits restauriert. Hier hatte man erhebliche Schäden an den Fundamenten und Fäulnis in den Balken festgestellt.

Von Oslo bis Dombås sind es 345 km. Die E 6 biegt nun rechts nach Nordosten ab, sie führt von **16 Kongsvoll** (887 m) über das Dovrefjell durch das wilde Drivdal. Wer Moschusochsen sehen will, kann in den dortigen Hotels Touren buchen (ca. 40 €). Der Gebirgsgarten in Kongsvoll liegt 890 m ü. d. M. und ist ein Naturgarten, in dem die ursprüngliche Flora und Vegetation der Umgebung beibehalten wurde. Oberhalb verläuft seit dem 12. Jh. der Vårstigen, der ehemalige Königsweg.

In **17 Oppdal** liegt Vang, Norwegens größtes Gräberfeld aus der heidnischen Zeit. Bald danach ist **18 Berkåk** erreicht, 85 km vor Trondheim und 430 km nördlich von Oslo.

Die E 6 führt am Zentrum Trondheims vorbei, Mautgebühr bis Stjørdal 90 NOK.

Übernachten in 14 Vinstra
Zum Übernachten bietet sich der Bøygen Camping an. Er gehört zur Gemeinde Nord Fron und liegt, etwas abseits der E 6, 2 km nördlich der Ortsmitte von Vinstra.

Übernachten in 15 Dombås
7 km östlich des Ortes liegt der sehr angenehme, preiswerte Bjørkhol Camping.

Übernachten in 17 Oppdal
12 km vor Oppdal liegt der CA Magalaupe und 4 km nördlich befindet sich der CA Halsetløkka an der E 6.

Übernachten kann man in **Klæbu** - hinter 19 **Melhus** nach Tanem abbiegen. Der Nidelven Camping ist ein einfacher Platz, aber günstig gelegen.

20 **Trondheim,** heute eine Stadt mit 142.500 Einwohnern, wurde 997 von Olav Tryggvason gegründet. Bis zum 13. Jh. hieß sie Nidaros und war Königsresidenz. Seit 1152 ist sie Sitz des Erzbischofs. Der Nidarosdom, Norwegens Nationalheiligtum, wurde über dem Grab Olavs des Heiligen erbaut.

Von der alten Stadtbrücke hat man einen Blick auf die historischen Speicher.

Übernachten in Trondheim

Ein Campingplatz liegt 15 km nördlich von Trondheim an einer Umgehungsstraße zur E 6 im Ortsteil Vikhammer (ca. 100 Stellplätze auf leicht hügeliger Anlage in Fjordnähe). Außerdem gibt es den Storsand Gård bei Malvik (auf einer Halbinsel gelegen). 12 km vor dem Ort liegt Motel und Camping Sandmoen, nur im Sommer offen, Stellplatz ab 130 NOK. 20 km vorher, in Melhus, liegt der Øysand CA an der E 39.

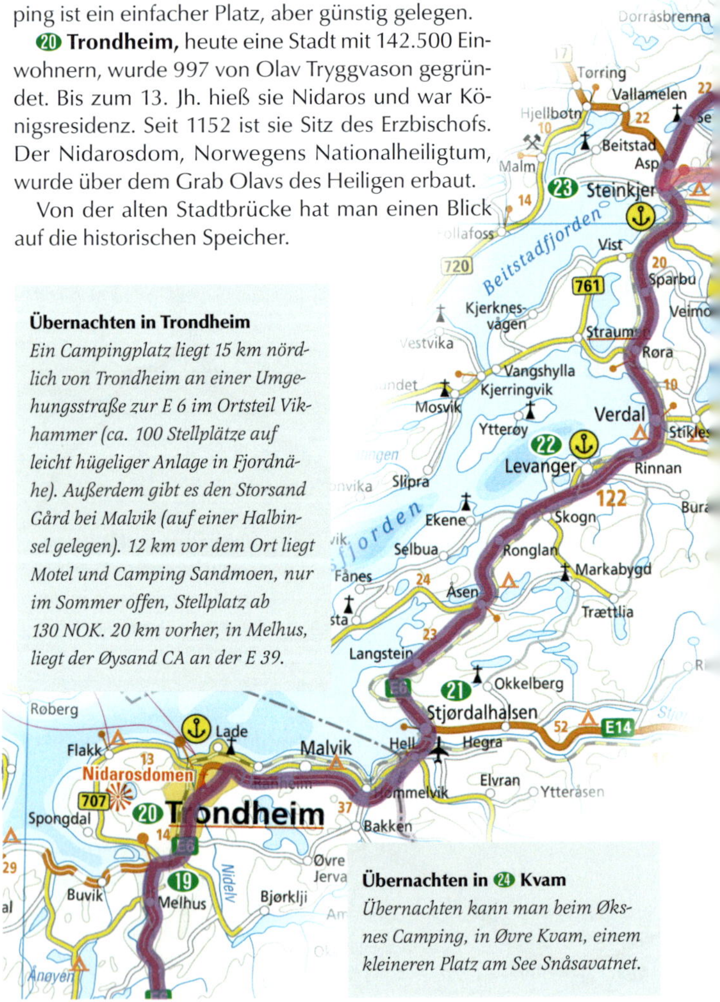

Übernachten in 24 Kvam

Übernachten kann man beim Øksnes Camping, in Øvre Kvam, einem kleineren Platz am See Snåsavatnet.

Trondheim – Mo i Rana (470 km)

Nächstes Etappenziel ist 21 **Stjørdal.** Der Hognes Campingplatz hat 3 Sterne und ist ganzjährig geöffnet. Steinmohaugen, beim Ort Hell 5 km vor Stjørdal, lockt mit Felszeichnungen und auch die Steinvikholm Schlossruine aus dem Mittelalter, in Hegra 10 km von Hel, ist eine Rast wert.

Die Straße zieht sich am malerischen Trondheimsfjord entlang und nach 22 **Levanger** erreicht man 23 **Steinkjer,** die Hauptstadt des Bezirks Nord-Trøndelag. Steinkjer hat 20.700 Einwohner. Der 763 m hohe Snøkolla überragt die Gegend. Zu sehen gibt es ein Freilichtmuseum mit Gräberfeld aus der Bronzezeit und den Ort Tingvoll mit einer ↗Schiffssetzung. Wer übernachten will, fährt 2 ½ km zum Guldenbergaunet Camping zwischen Byølva und Ongafluss.

In 25 **Grong** hat sich keramisches Handwerk angesiedelt. Um den kleinen Ort liegen Lachsflüsse, ein Lachsmuseum mit Lachsräucherei und die Wasserfälle Fiskumfossen (30 m) und Laksfossen (16 m). Der Lachsfall liegt etwa 200 m von der E 6 ent-

Die Schiffssetzung in Steinkjer

Bei dem 35 m langen Monument in Steinkjer wurden dutzende Steine in Form eines Bootes angeordnet. Grabmäler in Form von Steinanordnungen in ovaler, spitz zulaufender Bootsform gab es im Norden seit der Bronzezeit, also etwa 2000 v. Chr. Auf der Insel Gotland befinden sich etwa 350 solcher Schiffssetzungen. Schiffe haben im Glauben der Wikinger eine besondere Bedeutung gehabt. Vom Untergang bis zum erneuten Aufgang fuhr die Sonne der nordischen Mythologie auf einem Schiff durch das Reich der Nacht.

Alternativstrecke

Von Steinkjer kann man alternativ zur E 6 die Straße 763 südlich des Snåsavatnet fahren, vorbei an 6000 Jahre alten Felszeichnungen und dem 30 m hohen Wasserfall namens Formofoss mit Lachstreppe, am Fluss Sandøla.

Am Ende des Sees hinter Snåsa trifft die Straße wieder auf die E 6. Jetzt sind es noch 30 km landschaftlich sehr schöner Strecke bis Grong.

fernt (ausgeschildert). Schlafen kann man auf dem Moa Campingplatz in Harran (Ortsteil von Grong). Der Platz besitzt 20 einfache Hütten, Imbiss in der Tankstelle nebenan.

In der Nähe fließt der Lachsfluss Namsen. Wer sich die heimischen Tierarten ansehen will, kann durch den Namsskogan Familienpark schlendern. Der 1159 m hohe Heimdalshaugen erhebt sich dahinter. Von Grong bis Mosjøen sind es etwa 165 km.

26 **Mosjøen** mit ihren 13.500 Einwohnern ist eine freundliche Stadt mit vielen Holzhäusern am Fluss Vefsna, der in den gleichnamigen Fjord mündet. Sehenswert ist die alte Hauptstraße Sjøgata mit den traditionellen Häusern.

Bis Fauske sind es nun 275 km. Man merkt deutlich, dass der Polarkreis nicht mehr fern ist. Vor 27 **Korgen** steigt die Straße langsam an. Vom 550 m hohen Korgfjell hat man eine Aussicht auf die Gletscher des Okstindan-Gebietes und Svartisen. Auf einer Halbinsel in

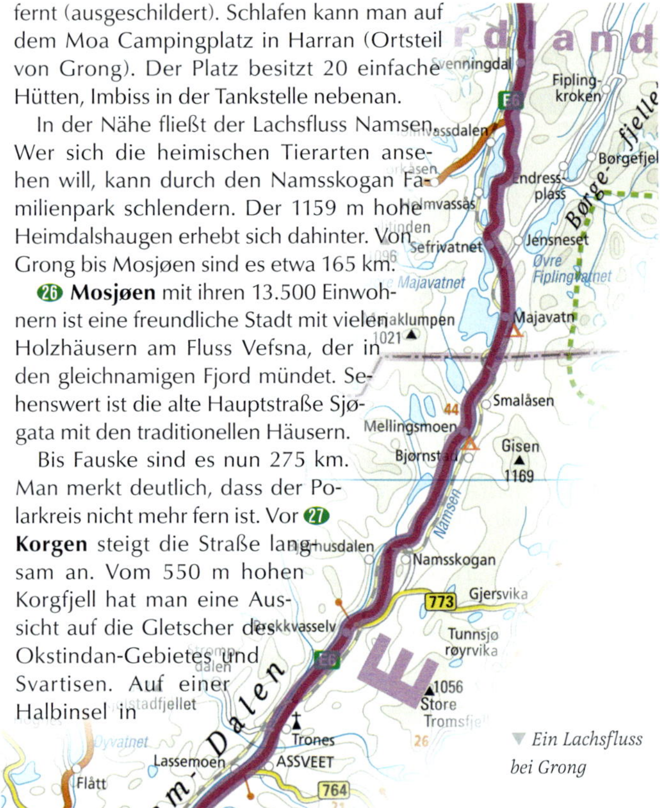

Ein Lachsfluss bei Grong

008nk Abb.: fh

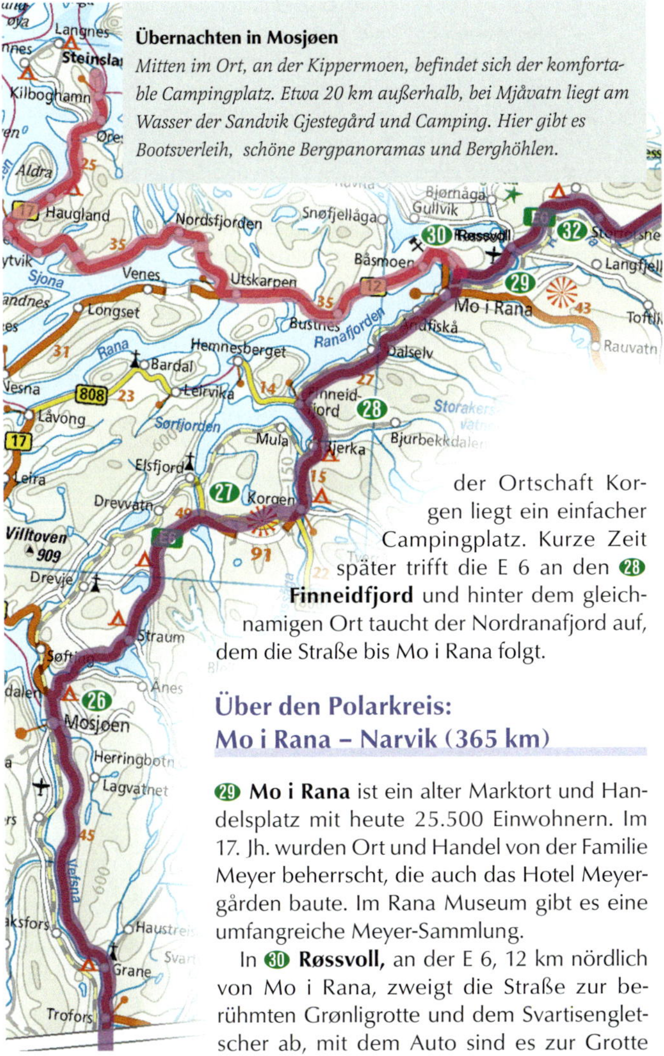

Übernachten in Mosjøen

Mitten im Ort, an der Kippermoen, befindet sich der komfortable Campingplatz. Etwa 20 km außerhalb, bei Mjåvatn liegt am Wasser der Sandvik Gjestegård und Camping. Hier gibt es Bootsverleih, schöne Bergpanoramas und Berghöhlen.

der Ortschaft Korgen liegt ein einfacher Campingplatz. Kurze Zeit später trifft die E 6 an den (28) **Finneidfjord** und hinter dem gleichnamigen Ort taucht der Nordranafjord auf, dem die Straße bis Mo i Rana folgt.

Über den Polarkreis: Mo i Rana – Narvik (365 km)

(29) **Mo i Rana** ist ein alter Marktort und Handelsplatz mit heute 25.500 Einwohnern. Im 17. Jh. wurden Ort und Handel von der Familie Meyer beherrscht, die auch das Hotel Meyergården baute. Im Rana Museum gibt es eine umfangreiche Meyer-Sammlung.

In (30) **Røssvoll,** an der E 6, 12 km nördlich von Mo i Rana, zweigt die Straße zur berühmten Grønligrotte und dem Svartisengletscher ab, mit dem Auto sind es zur Grotte

Alternativroute

Wer entlang der Küste fahren will, nimmt ab Mo i Rana die Rv. 12/17 nach Bodø, die recht gut ausgebaut und beschildert ist. Den Gletscher Svartisen passiert man durch einen langen Tunnel. Vorher gibt es ein Infozentrum zum Gletscher und herrliche Aussichts- und Rastplätze, z. B. an der Gemeindegrenze zwischen Meløy und Gildeskål. Die dort aufgestellte Skulptur mit dem Sägefisch heißt „Keine Angst". Verschiedene Querverbindungen zur E 6 machen es möglich, auch Teilstrecken als Alternative zur E 6 zu befahren.

10 km bis Seteråsen. Dort führt rechts eine Piste zur Grotte. Warme Kleidung und Gummistiefel sind zur Besichtigung notwendig. Wesentlich anstrengender ist eine Führung durch die Setergrotte in der Nähe. Schutzkleidung, Helm und Stirnlampe werden zur Verfügung gestellt. Mindestalter für die Tour ist 8 Jahre. 16 km nach den Grotten, am Ende der Straße, kann man eine Ausflug zum (31) **Svartisen-Gletscher** unternehmen. Hinter Mo i Rana zweigt von der E

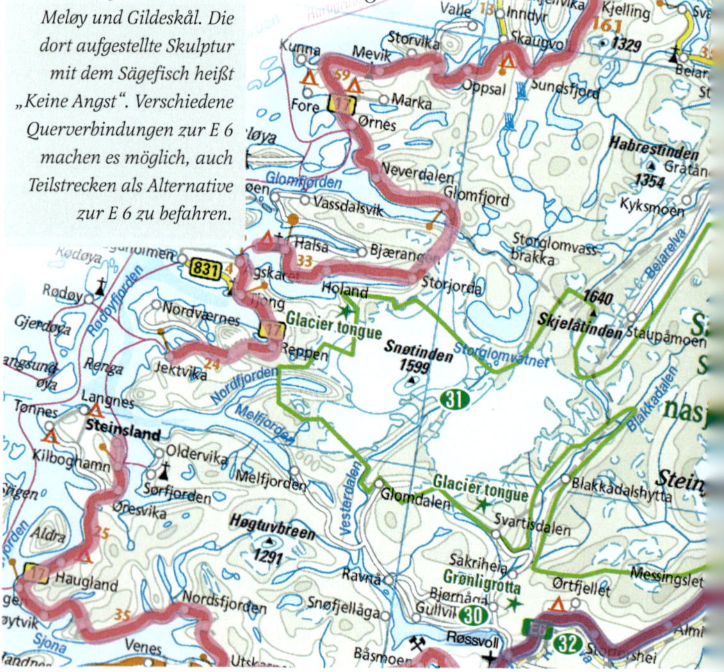

6 ein beschilderter Weg ab. Die Schotterpiste ist allerdings nur im Sommer geöffnet und die Absperrung befindet sich vor dem See und nicht an der E 6. Also erkundigen Sie sich vorher in Mo i Rana, ob der Weg offen ist. Den Gletscher selbst erreicht man am besten über den See Svartisvatnet. Es gibt im Sommer einen regelmäßigen Bootsverkehr zum Anleger am Fuß des Gletschers. Danach sind noch 2,5 km Wanderung mit starker Steigung zu bewältigen.

Es gibt etwa 15 Camping-Plätze in Mo i Rana und Umgebung. Die billigsten sind in 32 **Storforshei.** Hier am Ranaufer vor der Brücke kann man im Sommer beim Krogstrand Camping übernachten.

Die E 6 macht 20 km hinter Mo i Rana einen Bogen ins Landesinnere um das Gletschergebiet und führt auf die Hochebene **Saltfjellet** (höchster Punkt 707 m) mit Blick auf den ↗Gletscher Svartisen.

Bald ist der Polarkreis – magische Grenze und Tor zu Norwegens hohem Norden – erreicht. Es lockt das Polarkreiszentrum an der E 6, mit Gaststätte, Ausstellung, Postamt. Im Zentrum erhält man Informationen über Nordnorwegen und die Kultur der Samen. Die Einrichtung steht einsam auf der kahlen Hochebene herum und ist nur von Touristen mit Autos und Bussen bevölkert.

Bei 33 **Stødi** stehen drei samische Opfersteine. Danach führt die Straße hinunter ins Saltdal. Es erstreckt sich vom Polarkreis auf

Gletscher

In bestimmten Berggegenden fällt im Winter mehr Schnee, als im Sommer abtauen kann. In geschützten Lagen bilden sich Schneemulden. Scheint tagsüber die Sonne darauf, schmilzt die oberste Lage, die dann nachts wieder gefriert. Durch diesen ständigen Wechsel wird der Schnee hart und grobkörnig - es entsteht so genannter Firn. Wird dieser noch durch neue Schneemassen von oben unter Druck gesetzt, verwandelt sich der Firn in milchiges, bläuliches Gletschereis. Wenn oben ständig neues Eis nachproduziert wird, drängen sich die Eismassen bald ins Tal, und zwar genau bis an die Stelle, wo mehr Eis durch die Sonne schmilzt, als von oben nachgeschoben wird. Diese Gegend nennt man das Zehrgebiet des Gletschers.

Taut in heißen Sommern mehr Eis ab, als im ***Nährgebiet*** *produziert wird, geht der Gletscher zurück. In Kälteperioden ist es umgekehrt. Die norwegischen Gletscher tauen seit Anfang des 20. Jahrhunderts ab. Schuld daran ist hauptsächlich die Industrie. Feine Rußpartikel aus den Schloten des Ruhrgebietes und Mittelenglands fliegen bis Norwegen, legen sich unter anderem auch auf das Gletschereis und vermindern dadurch dessen Reflektionsvermögen. Das Eis taut dadurch schneller ab.*

Als schönster skandinavischer Gletscher gilt der ***Svartisen*** *in Norwegen. Das Eis kommt von insgesamt 4 Gipfeln, die zwischen 1577 m und 1640 m hoch sind. Er liegt zwischen Mo i Rana und Salten. Der westliche Teil wird* ***Vestisen*** *genannt, der östliche* ***Østisen.*** *Insgesamt bedeckt der Svartisen eine Fläche von 370 km². Um ihn aus der Nähe zu sehen, muss man zum Svartisvatnet und sich dort mit dem Boot übersetzen lassen. Der Vestisengipfel kann auch von* ***Glomfjord*** *aus mit einer Seilbahn „bezwungen" werden.*

Weitere Gletscher in und um Lappland findet man in den teilweise vergletscherten ***Lyngenalpen*** *am gleichnamigen Fjord sowie am* ***Kebnekaise*** *und im* ***Sarek*** *in Schweden.*

dem Berg Saltfjellet bis zum Fjord bei Rognan. Die E 6 folgt dem Tal nach Fauske. Saltdal war früher das Zentrum des Bootbaus und auch heute noch werden in der Region die Nordlandsboote aus Holz nach altem Muster gebaut.

Etwa auf halber Strecke zwischen Polarkreis und Fauske, in 34 **Storjord,** liegt das Naturschutzgebiet Junkerdalsura mit dem Solvågtind, Gletschermühlen und einem Wasserfall. Hier zweigt die Passstraße

95 nach Arvidsjaur (Schweden) ab. Eine Strecke mit tollen Aussichten, die Gegend heißt Junkerdal.

Das Tal wurde nach Preben von Ahnen benannt, dem sog. „Junker". Er zerstörte 1658 die schwedischen Silberbergwerke im Nasafjäll. Kurz vor Fauske kommt man ans Meer, an den Skjerstadfjord, an dessen Öffnung zum Meer **Bodø** liegt.

Saltstraumen und Bodø (auf der Straße 80)

Die Attraktion der Region liegt 15 km abseits der Straße 80 an der Straße 17. Es ist der 35 Saltstraumen, wo die Gezeitenströmungen viermal täglich Wassermassen durch eine 150 m schmale Meerenge pressen. Am stärksten sind die entstehenden Strudel bei Neumond und Vollmond. Es gibt einen Campingplatz dort, der aber hauptsächlich von Anglern genutzt wird.

Wenige Kilometer weiter liegt 36 Bodø. Die Stadt mit 42.500 Einwohnern ist die Hauptstadt des Bezirks Nordland. Bodø ist ein nach der Zerstörung 1940 modern wiederaufgebauter Verkehrsknotenpunkt. Die Stadt liegt malerisch zwischen schneebedeckten Bergen am äußeren Ende des Saltfjords, wo er auf den Skjerstadfjord trifft. Wenn keine Wolken am Himmel sind, hat man einen guten Blick nach Norden, wo man die Mitternachtssonne vom 22.6. bis 10.7. beobach-

▼ *Saltstraumen ist bei Anglern sehr beliebt*

009nk Abb.: fh

Polarkreis

Wer denkt, am nördlichen Polarkreis etwas Besonderes zu sehen, der hat sich geirrt. Die Landschaft ändert sich durch das Überschreiten in keiner Weise; und plötzlich kälter wird es auch nicht. Dieser Polarkreis ist nur eine gedachte Linie, die im Abstand von ca. 23° 26,5' vom Nordpol den Globus umspannt. Die genaue Lage des Polarkreises ändert sich ständig, was durch eine Störung (Nutation) des „Taumelns" (Präzession) der Erdachse hervorgerufen wird. Der Polarkreis markiert die südlichste Breite, auf der die Sonne am 21. Juni (Mittsommernacht) ***nicht*** *untergeht. Dafür geht sie hier am 21. Dezember auch nicht auf. Für die Souvenirindustrie ist der Polarkreis sehr wichtig. So gibt es kaum eine den Kreis überschreitende Straße, an der nicht ein* ***Andenkenladen*** *und eine Cafeteria stehen. Oft gibt es große Hinweisschilder und mitunter eine Linie quer über die Straße. Man kann eine Urkunde kaufen, auf der die Überquerung bescheinigt wird. Post, die dort eingeworfen wird, bekommt einen Sonderstempel. Dass der Polarkreis seine Lage ständig verändert, ist der Tourismusindustrie egal - und so bleiben die Schilder, wo sie seit 30 Jahren stehen ...*

ten kann. Das Løpsfjellet bietet ein großartiges Panorama.

Der Fjord ist das ganze Jahr über eisfrei. Haupterwerbszweig ist die Fischindustrie. Bodø ist Bischofssitz und die Stadt wird überragt vom Turm der modernen Kathedrale. Bekannt ist Bodø für das Nordland Musikfestival im Juli/August. Das Nordlandmuseum befindet sich in einem der ältesten Häuser der Stadt. Ein weiteres interessantes Museum ist das große Luftfahrtmuseum mit über 30 Flugzeugen, darunter eine U2, die 1960 hier landen sollte, aber über der Sowjetunion abgeschossen wurde, was zu einer Krise mit den USA führte. In Bodø findet der Reisende die größte Auswahl an Restaurants und Einkaufsmöglichkeiten von Nordnorwegen. Beim Glashuset ist der Traum vieler deutscher Kaufwütiger mal wahr gemacht worden: Man hat die Fußgängerzone überdacht! Über die Storgata spannt sich ein Glasdach und schützt so die Besucher der über 40 Läden vor Sturm, Schnee und Regen. 3 km westlich den Lundveien hinauf, liegt Lundhøgda Camping, von wo aus man einen schönen Blick auf Berg und Fjord hat.

Von (37) **Fauske** bis nach Narvik, der nächsten größeren Stadt, schlängelt sich die Straße von Fjord zu Fjord. Zwischen Varghiet und (38) **Sommerset (Elvekroken),** 25 km nach Fauske, vor der Siedlung Gyltvik ist ein Rastplatz mit schöner Aussicht auf die Fjordlandschaft.

010nk Abb.: fh

▲ *Bei Fjordumrundungen fährt man nicht immer auf der Sonnenseite*

Bei Megården führt rechts eine Nebenstraße zum Rago Nationalpark, der auf schwedischer Seite in die Nationalparks Padjelanta, Sarek und Stora Sjöfallet übergeht. In 39 **Tømmerneset** gibt es in der Sagelva-Felswand 5000 Jahre alte Felszeichnungen zu bestaunen.

Bei 45 **Bognes** gibt es die einzige Fähre der E 6. Sie führt über den Tysfjord nach 46 **Skarberget** (ab 80 NOK, Überfahrt 25 Min., 22x tägl.). Alternativ dazu kann man vorher auf die 827 nach 47 **Drag** abbiegen und von dort die Fähre nach 48 **Kjøpsvik** nehmen. In Drag an der 827 liegt das Samenzentrum Arran (Unterkunft beim Gjetegård, Tel. 75773520). In dieser Gegend liegen mehrere Seen nah beieinander; die Samen zogen ihre Boote auf Stämmen über die Landenge. Die 827 kommt am Efjord vor den 850 m langen Brücken wieder auf die E 6.

Übernachten in Fauske

Schlafen kann man auf dem Campingplatz Naf-Lundhøgda, links an der Straße 80 nach Bodø auf einem Feld, keine 2 km außerhalb von Fauske. Es gibt dort auch eine Reihe von Häuschen.

Übernachten in Bodø

2 km vor dem Ort an der Straße 80 liegt der Platz Bodøsjøen Camping auf einer Wiese am Fjord.

Abstecher

Ein 50 km langer Abstecher führt in ㊸ *Ulvsvåg links ab, auf die 81, auf der man zuerst* ㊷ *Hammarøy und danach* ㊶ ***Hamsund** erreicht. Hier kann man die Stätten des großen norwegischen Dichters Knut Hamsun besichtigen. Der elterliche Hof steht im Ort Oppeid. Ein Abstecher zur Küste führt zum Leuchtturm* ㊹ *Tranøy, wo es Kaffee gibt. Illustrationen zu Hamsun zeigt eine Galerie. Die Fahrt endet in* ㊵ *Skutvik am Fähranleger der Hurtigruten nach Svolvær.*

Bei **Skjomnes** führt eine Brücke auf 100 m hohen Pfeilern über den Fjord. In Ankenes gibt es eine tolle Aussicht über Berge und Hafen. Zwischen **Narvik** und Tromsø bauen im Sommer Samen Zelte auf und verkaufen Souvenirs.

Narvik

㊾ Narvik, früher Viktoriahavn genannt, auf einer Halbinsel zwischen dem Beisfjord und dem

Übernachten im Tysfjord Turistsenter

Wer übernachten will, findet 6 km südlich vom Fähranleger in Bognes an der E 6 das Tysfjord Turistsenter, Tel. 75775370. Es bietet Hotelzimmer, 7 Hütten, 30 Womo-Stellplätze und ein Restaurant.

Rombaksfjord angelegt, verdankt seine Existenz bzw. seine Bedeutung seinem eisfreien Hafen. Aus diesem Grunde wurde 1902 die Ofotbahn gebaut, um vom schwedischen Kiruna auch im Winter das begehrte Eisenerz in alle Welt verschiffen zu können. Ohne diese Bahn wäre Narvik heute ein unbedeutender Fischerort wie viele andere, wäre aber im Zweiten Weltkrieg um einiges besser davongekommen. Nur einige im viktorianischen Stil erbaute Holzhäuser haben die Angriffe während des Krieges überstanden.

So präsentiert sich der Ort mit seinen 20.000 Einwohnern heute nicht ausschließlich modern, sondern stellt ein Durcheinander an sachlich-moderner Betonbauweise und verspielten älteren Holzhäusern dar. Dadurch wirkt die Stadt gemütlich. Von den harten Kämpfen um die Stadt zeugt die Sammlung im „Kriegsmuseum". Dominierend im Stadtbild sind die riesigen Verladeeinrichtungen im Erzhafen. Bis zu 30 Züge aus Schweden löschen hier wöchentlich ihre Ladung. Umgeben ist der Ort von hohen Bergen, auf die eine Seilbahn führt. Die Berge eignen sich hervorragend als Aussichtspunkt für die Mitternachtssonne vom 10.6. bis 8.7. Im Sommer ist die Stadt voller Rucksackreisender, die vom nördlichsten norwegischen Bahnhof durch die Berge nach Schweden fahren. Übernachten kann man zur Not im Narvik Camping, etwa 3 km nördlich linksab, nah an der E6, aber mit Fjordblick. Das Tourist-Office befindet sich in der Kongensgata 26, in Höhe der Zufahrt zum Busbahnhof.

Narvik – Alta (440 km)

18 km hinter Narvik gibt es eine Möglichkeit, nach Schweden zu fahren: Hinter der Brücke über den **Rombak-Fjord** liegt am Kreisverkehr E 6/E 10 der Herslætta-Camping. An der Kreuzung, mit einem kleinen Hotel gegenüber, führt die E 10, die erst am Ende des 20. Jahrhundert fertig gestellt wurde, nach Kiruna.

Bei Hellemobotn soll Norwegen nur 6 km breit sein, was man aber nicht nachmessen kann, da die Berge unzugänglich sind.

Hinter Narvik führt die E 6 wieder durchs Landesinnere, die Berge erreichen rechter Hand bis zu 1500 m Höhe. Die Straße steigt stetig an, bis eine Höhe von 400 m erreicht ist. Auf dieser Höhe verläuft die E 6 immer weiter nach Norden. Einige Plätze an Seen und Wasserfällen eignen sich zum Übernachten, es gibt jedoch keine Möglichkeit zur Müllentleerung.

Bei 50 **Bardu** gibt es einen Polarzoo. Angler können in Setermoen rechts Richtung Innset fahren. Die Seen **Altevatnet** und **Leinavatnet** sind für Fischreichtum bekannt.

Setermoen Camping an der E 6 bietet sich im Sommer zum Übernachten an.

Wer sich nicht für Fisch interessiert, fährt weiter nach Norden. Bald ist **Bardufoss** erreicht. Bardufoss selbst wird mit dem Ort 51 **Andselv** oft zu **Målselv** zusammengefasst, was zu einiger Verwirrung auf den Straßenkarten führt. Der Målselv-Wasserfall liegt 10 km östlich und ist sehenswert.

53 Tromsø

Die alte Eismeerstadt mit ihren 62.000 Einwohnern ist Sitz von Norwegens nördlichster Universität. Hier finden sich viele alte Holzhäuser, belebte Straßen und viele gute Kneipen, was für Reisende ein lohnender Grund für einen Abstecher ist. Der Stadtkern liegt auf der Insel Tromsøya, die durch eine 1000 m lange Brücke mit dem Festland verbunden ist. Ansehen kann man sich das Tromsø Museum im Volkspark, das u. a. Sammlungen zu Natur, Kulturgeschichte, samischer Kultur und Meeresbiologie zeigt. Der botanische Garten ist in der Nähe des Uni-Campus. Unter Gartenfreunden erlangte Tromsø traurige Berühmtheit. Als man 1850 versuchte, eine große Bärenklauart (Heracleum lacinatum) als Zierstaude einzuführen, holte man sich eine unausrottbare, stark wuchernde, giftige Riesenpflanze ins Land. Diese Gartenpest wurde „Tromsøpalme" getauft. Das Tromsø Stadtmuseum in der mittelalterlichen Festungsanlage Skansen veranschaulicht die Stadtgeschichte. Das Polarmuseum im alten Zollhaus erläutert frühere Arktisexpeditionen. Weiter eintauchen in die Welt der Arktis kann man im Polaria, einem Informations- und Erlebniscenter. Am Hafen steht ein Roald-Amundsen-Denkmal. Der Polarforscher startete 1928 von Tromsø aus mit einem Wasserflugzeug, um der Nobile-Expedition zu Hilfe zu kommen, und verscholl. In der Tromsdalen Kirche, der „Eismeer-Kathedrale", sind besonders die Glasfenster in der Giebelwand sehenswert. Die Seilbahn „Fjellheisen" führt auf den Storsteinen (420 m) mit Aussicht über Stadt und Fjord. In der Zeit vom 21.5. bis 23.7. kann von hier die Mitternachtssonne beobachtet werden. Wenige hundert Meter von der Eismeer-Kathedrale im Ortsteil Tromsdal liegt der ganzjährig geöffnete Campingplatz Tromsø (mit Café), früher Tromsdalen Camping. Neben dem Platz liegt leider ein Sportplatz, auf dem manchmal auch abends noch Lärm ist.

012nk Abb.: fh

◄ Roald-Amundsen-Denkmal am Hafen von Tromsø

011nk Abb.: fh

▲ *Herrliche Aussichtsplätze bei Narvik eignen sich auch zur Übernachtung*

Die letzten 15 km bis 52 **Nordkjosbotn** fährt man am **Balsfjord** entlang, dem größten Fjord der Provinz Troms. Entlang des Fjordes gibt es schöne Ausblicke, hohe Berge, kleine Seen. Der kleine Ort **Nordkjosbotn** liegt an der Abzweigung zur E 6 nach Tromsø. Was das Dorf so gemütlich macht, sind die ihn umgebenden hohen Berge. Man kann hier einen Tag zum Ausspannen verbringen. Es gibt zwei Tankstellen, einen Supermarkt, einen Souvenirshop und den Campingplatz Naf-Bjørnebo (an der BP-Tankstelle am Südende des Ortes).

Hinter Nordkjosbotn kann man über die E 8 einen Abstecher nach ↗**Tromsø** unternehmen, ein Weg etwa 75 km.

30 km von Tromsø entfernt, Richtung Oldervik auf der Fv 53 liegt der Skittenelv-Camping, der recht angenehm ist. Er hat 20 Hütten und ein Freibad und der Besitzer betreibt ein kleines Tirpitz-Museum, in dem er Dokumente, Fotos und Erinnerungsgegenstände des am 12. November 1944 von einem britischen U-Boot versenkten deutschen Schlachtschiffes gesammelt hat.

Auf der E 6 erreicht man nach 20 km den **Lyngenfjord** und fährt dann am westlichen Ufer auf der 868 bis 54 **Lyngseidet.** Im Sommer gibt es viele Rentiere in der Umgebung von Lyngseidet, das selbst nur ca. 800 Einwohner hat. Von hier fährt man ca. 40 Minuten mit der Fähre nach 55 **Olderdalen** (11 x pro Tag).

Auch für Liebhaber wilder Landschaften offenbart sich eine herrliche Küstenstrecke, die ebenfalls nach Olderdalen führt. Dazu fährt man ab Lyngseidet auf der E 6/E 10 weiter.

Gegenüber sieht man die schneebedeckten **Lyngsalpen** liegen, dieser Blick bleibt einem auf der westlichen Seite des Lyngenfjordes versagt.

Bald ist der kleine Ort 56 **Skibotn** am Skibotnelv erreicht, der schon im 16. Jh. ein beliebter Marktort war. Es gab eine Werkstatt, in der die bei den Samen sehr geschätzten kleinen Kaffeemühlen aus Messing hergestellt wurden. Baden kann man in der Schwimmhalle beim Hotel. Ab Skibotn gibt es die Möglichkeit, auf der E 8 nach Kaaresuvanto in Finnland zu fahren. Weiter auf der E 6 kommt nach 30 km ein Aussichtspunkt am Kåfjord. Dieser Fjord wird anschließend umfahren, 15 km am linken Ufer hin und 15 km am rechten Ufer. Zurück in Olderdalen trifft man auf die anderen Reisenden, die die Fähre über den Lyngenfjord genommen haben.

Ab Olderdalen geht es immer an der Küste entlang. Auf dem Weg nach Alta (ca. 260 km) fährt man auf einer der landschaftlich schönsten Strecken in Norwegen, obwohl das Umfahren der Fjorde Zeit und vor allem Sprit kostet. Man wird aber wirklich durch grandiose Aussichten entschädigt.

Bei 57 **Storslett** liegt das Kvænangsfjell, das eine Pause wert ist. Die Straße führt auf dem Gipfel an einem Restaurant vorbei, von dem man einen grandiosen Fjordblick hat. Eine Information gibt es dort auch.

Alta

In 59 Alta, am gleichnamigen Fjord gelegen, stößt die Rv. 93 von Kautokeino kommend im Ortsteil Bossekop auf die E 6. Die Ortschaft mit ihren 16.000 Einwohnern besteht aus mehreren Teilen, die sich die E 6 entlang ziehen. Moderne Zweckbauten bestimmen das Bild.

Es haben hier also schon vor 10.000 Jahren Menschen gewohnt, wie man durch Funde belegen konnte. In der letzten Zeit hat man hier auch **Felszeichnungen** entdeckt, die 2000–6000 Jahre alt sein sollen.

Bis zum 18. Jh. lebten hier vornehmlich Samen, dann begann die Einwanderung von Finnen und Norwegern.

1610 baute man auf der Insel **År** im Auftrag des Königs Christian IV. eine **Festung,** die allerdings nie angegriffen wurde, sodass die 42 Mann starke Garnison ihre Ruhe hatte. Die Reste der Festung sind zu besichtigen. Gegen Ende des Zweiten Weltkrieges wurden fast alle Häuser und ein Großteil der ehemals riesigen Kiefernwälder zerstört. Darum bietet Alta heute das übliche Bild einer modernen Siedlung.

Allerdings wurde der Hof **Altagård** auf Elvebakken im alten Stil wiederaufgebaut. Um 1740 diente er dem „Amtmann" als Wohnung. In der Umgebung liegen

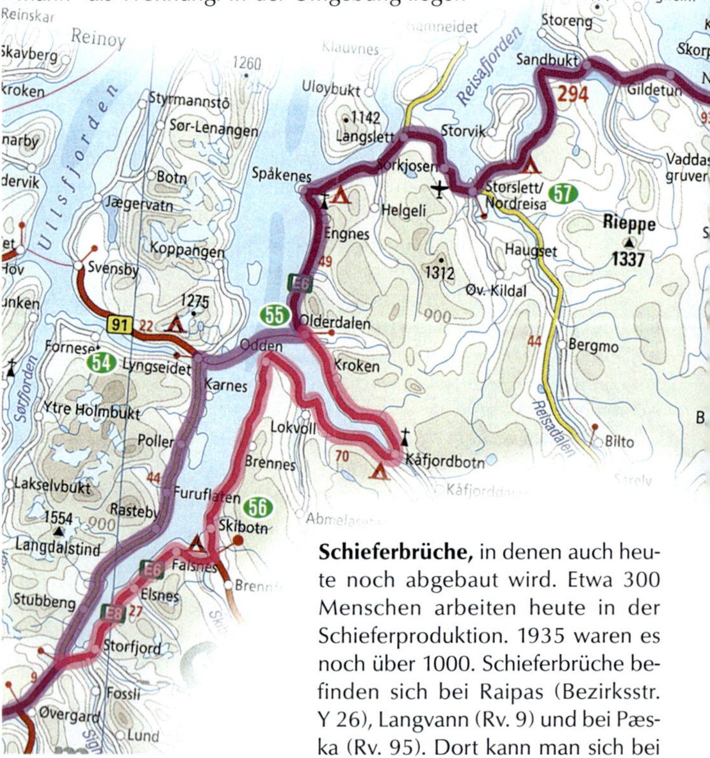

Schieferbrüche, in denen auch heute noch abgebaut wird. Etwa 300 Menschen arbeiten heute in der Schieferproduktion. 1935 waren es noch über 1000. Schieferbrüche befinden sich bei Raipas (Bezirksstr. Y 26), Langvann (Rv. 9) und bei Pæska (Rv. 95). Dort kann man sich bei

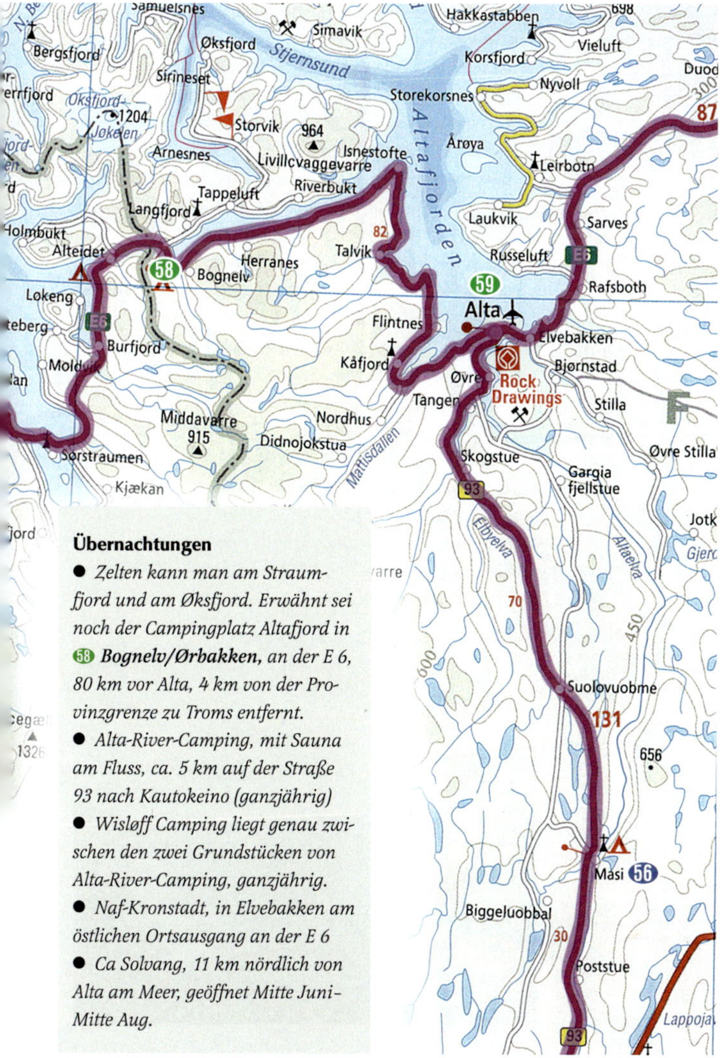

Übernachtungen

- *Zelten kann man am Straumfjord und am Øksfjord. Erwähnt sei noch der Campingplatz Altafjord in* **58** ***Bognelv/Ørbakken,*** *an der E 6, 80 km vor Alta, 4 km von der Provinzgrenze zu Troms entfernt.*
- *Alta-River-Camping, mit Sauna am Fluss, ca. 5 km auf der Straße 93 nach Kautokeino (ganzjährig)*
- *Wisløff Camping liegt genau zwischen den zwei Grundstücken von Alta-River-Camping, ganzjährig.*
- *Naf-Kronstadt, in Elvebakken am östlichen Ortsausgang an der E 6*
- *Ca Solvang, 11 km nördlich von Alta am Meer, geöffnet Mitte Juni-Mitte Aug.*

Sautso-Canyon

Es lohnt ein Ausflug zum **Sautso-Canyon,** *dem größten in Nordeuropa, der einen wahrhaft beeindruckenden Anblick bietet. Der Canyonzugang ist für den Autoverkehr gesperrt, man kann aber theoretisch noch ein Stück hinter der Sperre weiterfahren. An einer abgebrochenen Brücke kommt man nur noch mit Geländewagen weiter, da der Wasserstand im Fluss meist über 50 cm liegt.*

Wer eine Wandertour machen will, fahre von Alta 26 km auf der alten Straße Richtung Gargia (die Gargia Fjellstue vermietet Hütten) bis Bæskades. Von hier gibt es einen markierten Weg zum Canyon. Man muss allerdings mit 4 Stunden Weg bis dorthin rechnen.

Eine andere Möglichkeit ist der 10 km lange asphaltierte Weg zum Kraftwerk über das Tverrelvdalen. Dazu in Alta/Kronstad in Richtung Stilla abbiegen. Ab der Terrelvdal-Fjellstue muss man noch 10 km zu Fuß laufen, denn die letzten Kilometer sind für Autos gesperrt. Der Bau eines Staudamms für das Kraftwerk hatte 1979 eine heftige Protestbewegung von Samen und Naturschützern zur Folge, worauf das Projekt tatsächlich verkleinert wurde.

037nk Abb.: fh

▶ *Nordeuropas größter Canyon - der Sautso-Canyon*

einer Führung selbst im Schieferbrechen üben. Schiefer heißt auf norwegisch *skifer* und auf englisch *slate*.

Sehenswert sind die Felsbilder am Ortsausgang im Stadtteil Hjemmeluft, Altaveien 19 (Im Sommer täglich 8 bis mindestens 18 Uhr; dem Altamuseum angeschlossen und auch nur mit der Museumseintrittskarte zu besuchen, 85 NOK, www.alta.museum.no). Diese 6000 Jahre alten Bilder wurden 1985 in die „World Heritage List" der UNESCO aufgenommen und die Anlage hat einen europäischen Museumspreis bekommen.

Weiterreise
siehe Kapitel „Gemeinsame Strecke in Norwegen zum Nordkap".

Durch Finnland – Seen, Sauna und sanfte Wälder

Wenn der Reisende finnischen Boden erreicht hat, kann er bequem nach Norden fahren. Im großen Seengebiet muss man allerdings einige Umwege in Kauf nehmen. Die Straßen verlaufen teilweise über endlos aneinander gereihte Brücken und Dämme über kleine Inseln, manchmal weiß man gar nicht, ob man sich überhaupt noch auf dem Festland befindet. So ist dieses Naturparadies zum Anziehungspunkt für Tausende Touristen geworden: faszinierende Ausblicke durch Wälder, sich zwischen den Stämmen immer widerspiegelnde Wasserflächen, ruhige Seen und verschwiegene Stege.

In Finnland herrscht osteuropäische Zeit. Wenn es in Schweden 12 Uhr ist, haben es die Finnen 13 Uhr, die Sommerzeit ändert nichts an diesem Zeitunterschied. Die Region Westfinnland gehörte lange zu Schweden, deshalb wurden viele Orte mit schwedischen „Ersatznamen" versehen und man findet in westlichen Landesteilen oft zwei Ortsnamen auf den Schildern.

Die Straßen

Wie in den anderen skandinavischen Ländern gibt es auch in Finnland harte Winter. Danach neigen im Norden im Frühjahr die Straßenbeläge zu Frostaufbrüchen. Deshalb erfand man den Ölkiesbelag.

Über die letzte Kiesschicht des Unterbaus wird ein zähes Teeröl aufgewalzt. Dieser Belag ist elastischer als Asphalt oder gar Beton und so sind die Straßen hier fast frei von Schlaglöchern. Im Süden des Landes sind alle Straßen normal belegt.

Schwierig für den Touristen ist die Beschilderung. Das *Aja hitaasti* „Langsam fahren!" bedeutet, erschließt sich auch dem fremdsprachlich Gewandten nicht so ohne weiteres. Die Höchstgeschwindigkeit beträgt innerorts 50 km/h, außerhalb 80 km/h. Wohnmobile ab 1,8 t Leergewicht dürfen auf bestimmten Straßen nur 100 km/h fahren, auch wenn 120 km/h erlaubt sind. Gespanne dürfen auf Landstraßen 80 km/h fahren. Abblendlicht braucht man außerhalb geschlossener Ortschaften immer.

Die Qualität der Straße sinkt mit der Nummerngröße. Daher sollte man Straßen mit dreistelligen Nummern nur mit Fahrzeugen befahren, die genügend Bodenfreiheit haben. Wohnwagen-Gespanne scheitern dort in der Regel.

Die Campingplätze

Von Finnlands 350 Plätzen sind nur ein Viertel im Winter offen. Die meisten liegen im Seengebiet. Auch hier sollte man die Camping Card Scandinavia besitzen. Damit kostet die Übernachtung unter 20 Euro. Übernachtungen im hohen Norden sind wegen der einfachen Ausstattung der Plätze preiswerter. Allen gemeinsam ist die gute Lage in der finnischen Natur. Die Läden und Kioske sind eher klein. Dafür hat jeder Platz eine Sauna, die gegen Gebühr auch von Gästen benutzt werden kann, die nicht über Nacht bleiben.

Informationen
Finnischer Campingverband, Valtakunnallinen leirintäalueverkosto, Suomen Matkailuliitto. Mäntytie 7, 00270 Helsinki, www.camping.fi

- **Gas:** Es gibt keine Betankungseinrichtungen für Wagen mit festen Gastanks. Bei den Flaschen werden, wenn überhaupt, nur deutsche Flaschen mit Prüfzeichen befüllt. Es gibt im Land ca. 20 Erdgas-Tankstellen, die CNG (Maakaasu) füllen (POIs der Tankstellen s. S. 32).
- **Strom:** Wie in den anderen skandinavischen Ländern gibt es keine CEE-Steckdosen, sondern nur hoch abgesicherte Schukodosen. Damit kann man auch Heizlüfter betreiben. Allerdings sind die Stromkosten ziemlich hoch, sie können bis 5 Euro die Nacht betragen.
- **Wasser:** Das läuft aus den üblichen ½- oder ¾-Zoll-Hähnen.
- **Abwasser:** Bessere Plätze müssen eine Entsorgungseinrichtung für Abwassertanks besitzen. Vorrichtungen zum Ausleeren der Schmutzwasserbehälter gibt es auf allen Plätzen.

Telefonvorwahl Finnland:
00358
Pannenhilfe:
09 77476400

Die Strecke

Bei der Fahrt nach Norden kommt es darauf an, an welcher Stelle man in Finnland an Land geht. Wer nicht über das Baltikum fahren will, kommt mit der Fähre. Mögliche Fährverbindungen sind: Stockholm – Helsinki, Kiel – Hanko, Kappelskär – Naantali und Stockholm – Turku.

Naantali/Turku – Rauma – Pori – Vaasa (325 km)

Erreicht man Finnland über den Anleger 1 **Naantali,** kann man auf dem dortigen Campingplatz am Strand gleich übernachten. 160 Stellplätze bietet der Camping an der Leirintäalveentie. Von hier sind es nur wenige Kilometer bis zum Autobahnring um Turku. Naantali erhielt seinen Namen nach einem Brigittenkloster (1438). Sehenswert ist der Garten von Kultaranta, der Sommerresidenz des Staatspräsidenten, allerdings ist er immer nur kurzzeitig zugänglich.

Der Fähranleger von 2 **Turku** liegt südlich von Naantali. Man kommt mitten im Ort an. Zum Übernachten bietet sich der Platz Ruissalo an der Ruissalonie an. Er ist mit 800 Stellplätzen recht groß und bietet neben Entsorgungsmöglichkeiten auch eine Badestelle. Die Buslinie 8 fährt in die Innenstadt von Turku. Man kommt auch vom Hafen mit dem Boot in die Innenstadt. Mit 180.000 Einwohnern ist Turku heute die drittgrößte Stadt des Landes. In alten Zeiten hieß sie auf Schwedisch „Åbo". Bis 1809 war sie die wichtigste Stadt des Landes, dann orientierte man sich mehr nach Russland und verlegte die Aktivitäten nach Helsinki.

Im Ort hat man die Möglichkeit, die erste Ausfahrt nach Norden auf die 8 abzubiegen. Nach 90 km trifft die Straße bei 3 **Rauma** auf die Ostsee. Der historische Stadtkern mit den Häusern aus verschiedenen

Camping

Der Campingplatz Leirintä Yyteri (nördlich von Pori auf einer Landzunge) ist im Sommer gut besucht, da er zu den Top-Plätzen zählt (Badestrandnähe). 10 km südwestlich des Zentrums auf der Halbinsel Ruissalo liegt ebenfalls ein Platz (Juni-Sept.).

Epochen ist in die UNESCO-Weltkulturerbe-Liste aufgenommen worden. Es gibt um das Zentrum herum einige für Wohnmobile geeignete Parkplätze. Auf ihnen darf man jedoch nur 24 Stunden parken, sonst: Poroholma Camping im Wald. Rauma war in früheren Jahrhunderten eine wichtige Seefahrerstadt. Dadurch wurde die Fertigkeit des Spitzenklöppelns hierher gebracht. Zeitweise gab es hier sogar eine eigene Sprache.

Die nächsten 50 km laufen parallel zur Küste nach Norden bis 4 **Pori,** das durch sein Jazzfestival weltberühmt ist. Als Hafenstadt war der 100.000-Seelen-Ort schon immer wichtig. Die Stadt wurde öfters verlegt, da die Landhebung nach der Eiszeit nicht abgeschlossen war und dadurch das Meer immer weiter vom Ort weglief. Hier ist im Sommer viel los, der weiße Strand und die vielfältigen Freizeitangebote locken nicht nur Finnen hierher. Camping Siikaranta auf der Insel Pepo-

022nk Abb.: fh

▲ *Campen bei Vaasa*

saari (Brücke), Tel. 6384120, www.siikarantacamping.fi, sollte man im Sommer reservieren. 18 km nordwestlich in Mäntyluoto liegt noch ein großer Platz.

Rund 100 km zieht sich die küstennahe Straße 8 noch bis Kaskinen, unterwegs kann man in 5 **Tuorila** nach 6 **Merikarvia** zum Meer abbiegen (8 km, Campingplatz). Fährt man weiter, gibt es einen Abzweig nach 7 **Kristinestad** (5 km) und 12 km weiter einen nach 8 **Kaskinen** (12 km). In beiden Orten gibt es Campingplätze am Meer. Nun kommen noch einmal 100 km durch flache, bäuerlich geprägte Landschaften bis 9 **Vaasa.** Campingplätze erreicht man bei Långåminne, ca. 20 km vor Vaasa, oder 2 km davor auf der Insel Vaskiluoto.

021nk Foto: hb, City of Helsinki Picture Bank, Boy Hulden

▲ *Der Hauptbahnhof von Helsinki - ein Meisterwerk des finnischen Architekten Eliel Saarinen*

Hanko – Helsinki (110 km)

Kommt man im äußersten Südwesten, in ⑩ **Hanko** an, sieht man die Wichtigkeit dieses Ortes schon im Hafen. Er war lange Zeit Finnlands einziger Zugang zur Ostsee im Winter, wurde 1940 heftig umkämpft und ist heute durch den Handel mit Russland zusätzlich wichtig geworden. Ende des 19. Jh. war der Ort auch die Sommerfrische der Reichen der Hauptstadt. Einige alte Holzvillen stehen noch. Wer nicht mehr weiterfahren will, kann direkt am Freihafen (Yttre Hamn) sein Fahrzeug am dortigen Badestrand abstellen. Unter den Bäumen finden allerdings höchstens sechs Autos Platz. Dann bleibt noch der Campingplatz Silversand. Hierhin gelangt man, wenn man am Ortsausgang Richtung Helsinki fährt. Hinter der Esso-Tankstelle rechts ab ist die Zufahrt (1½ h Fahrt). Weiter fährt man in der Regel auf der Uferstraße 25 nach Helsinki um sich dort auf die E 12 einzufädeln. Kurz nachdem man das Festland erreicht hat, liegt bei Tammisaari-Ekenäs die nächste Übernachtungsmöglichkeit. Die Bewohner des Ortes sprechen schwedisch, deswegen nannten sie die mit Eichen

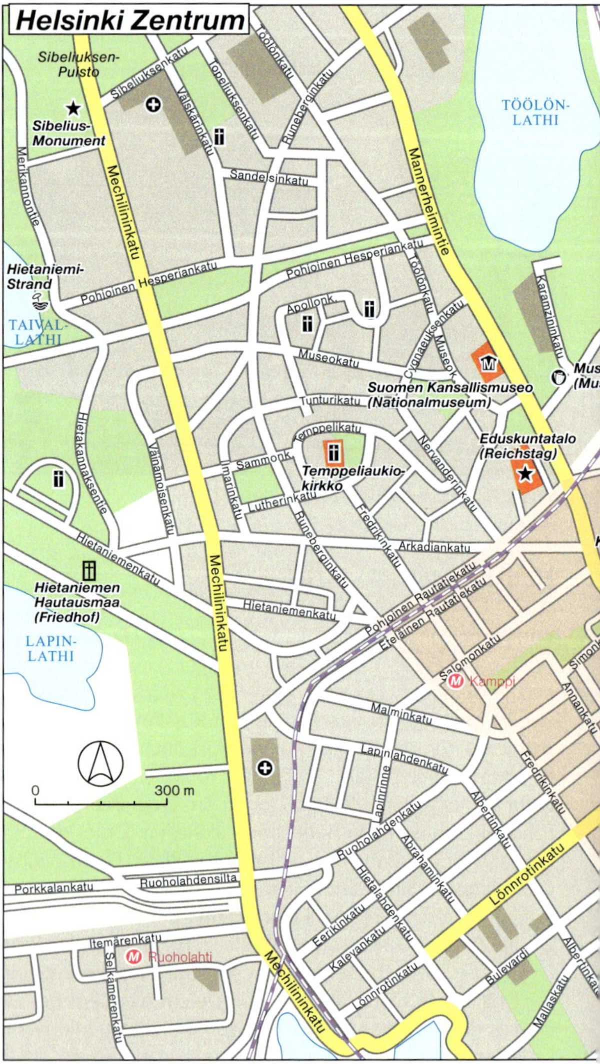
Helsinki Zentrum
Sibeliuksen-Puisto
Sibelius-Monument
Sibeliuksenkatu
Väiskarinkatu
Topeliuksenkatu
Töölönkatu
Runeberginkatu
Mannerheimintie
TÖÖLÖN-LATHI
Sandelsinkatu
Merikannontie
Mechilininkatu
Pohjoinen Hesperiankatu
Hietaniemi-Strand
TAIVAL-LATHI
Apollonk.
Museokatu
Cygnaeuksenkatu
Museok.
Karamzininkatu
Suomen Kansallismuseo (Nationalmuseum)
Tunturikatu
Temppelikatu
Eduskuntatalo (Reichstag)
Nervanderinkatu
Sammonk.
Temppeliaukio-kirkko
Hietakannaksentie
Väinämöisenkatu
Ilmarinkatu
Lutherinkatu
Fredrikinkatu
Arkadiankatu
Hietaniemenkatu
Hietaniemen Hautausmaa (Friedhof)
LAPIN-LATHI
Pohjoinen Rautatiekatu
Eteläinen Rautatiekatu
Salomonkatu
Kamppi
Malminkatu
Lapinlahdenkatu
Lapinrinne
Annankatu
Simonk.
0
300 m
Ruoholahdenkatu
Abrahaminkatu
Albertinkatu
Hietalahdenkatu
Lönnrotinkatu
Porkkalankatu
Ruoholahdensilta
Itemärenkatu
Selkämerenkatu
Ruoholahti
Eerikinkatu
Kalevankatu
Bulevardi
Mallaskatu

Durch Finnland

bewachsene Nase ⓫ **Ekenäs** (finn. Ortsbezeichnung: **Tammisaari).** Der Platz ist nicht allzu komfortabel ausgestattet, dafür liegen einige Stellplätze unter den besagten Eichen und zum Baden bietet sich die Ostsee an. Ursprünglich sollte Tammisaari eine wichtige Stadt des damaligen Königs werden, heute sind die Badegäste die Könige. Wer gut essen will, kann ins Knipan gehen, ein historisches Restaurant das aus rechtlichen Gründen als Pfahlbau aus dem Wasser ragt.

Bei ⓬ **Karis (Karjaa)** gabelt sich die Straße, die 51 führt nach Helsinki und die 25 trifft weit nördlich der Hauptstadt auf die Autobahn E 12. Nun sind es auf der 51 noch 52 km zur Stadtgrenze. Dort zweigt die 50 ab, über die Architektur-Fans das ↗Hvitträsk-Haus erreichen können (siehe Exkurs S. 91).

Helsinki – Jugendstil und Schinkelbauten

Wer einen Kulturstopp in ⓭ Helsinki einlegen will, der kann von Schweden mit der Fähre direkt in die Metropole gelangen. Allein die Fahrt ist ein Erlebnis. Zuerst arbeitet sich das große Schiff durch den Stockholmer Schärengürtel. Nach der 6-stündigen Fahrt tritt man in die finnische Schärenlandschaft ein und fragt sich, wie die Kapitäne die riesigen Fähren zwischen den Inseln und Inselchen hindurch bekom-

men. Dann passiert man ein Leuchttürmchen und läuft in den Hafen von Helsinki ein.

Helsinki ist mit 600.000 Einwohnern das Zentrum der finnischen Kultur, Sitz der größten Universität des Landes und vieler anderer Institutionen. Der Hafen ist Hauptumschlagplatz für Importgüter und wird das ganze Jahr hindurch von Eisbrechern freigehalten.

Stadtgeschichte

Helsinki ist als Stadt über 450 Jahre alt und seit 1812 die Hauptstadt Finnlands. Sie wurde von König Gustav Wasa gegründet, da Schweden (Finnland war seinerzeit schwedisch) einen Hafen am Finnischen Meerbusen brauchte. Die Konkurrenz von Reval (heute Tallinn) war zu groß. Am 12.6.1550, der als Gründungstag gilt, ließ der König verfügen, dass alle Bürger höheren Standes aus den umliegenden Städten nach Helsinki ziehen.

Mehrere Generationen lang entwickelte sich Helsinki nur langsam, der Fluss Vantaa war eher ein Flüsschen und Reval, das heutige Tallinn, war sowieso von Schweden erobert. Im Jahre 1808 zerstörte eine Feuersbrunst fast die ganze Stadt, da fast alle Gebäude, wie auch heute noch in weiten Teilen des Landes, aus Holz gebaut waren.

Information

- *Fremdenverkehrsamt, Pohjoisesplanadi 19 (am Markt, am Anfang des Esplanadi-Parks), 00100 Helsinki, Tel. (0)9 3103 3300, www.visithelsinki.fi, 15.5.-14.9. Mo-Fr 9-20, Sa/So 9-18 Uhr, 15.9.-14.5. Mo-Fr 9-18, Sa/So 10-16 Uhr.*
- *Airpro im Auslands-Terminal des Flughafens täglich 8-21 Uhr geöffnet, Bus-, Bahn- und Flugtickets und Hotelreservierungen, Tel. (0)9 61513900*
- *Im Sommer patroullieren in der Innenstadt Helfer der Touristinfo in grünen Westen.*

Die Zerstörung bot die Chance, die Stadt zu einem in der finnischen Geschichte besonders günstigen Zeitpunkt neu zu planen und wieder aufzubauen, gerade als die Verbindung zu Schweden abgerissen und Finnland ein autonomes Großfürstentum unter dem russischen Zaren geworden war. Der berühmte Architekt Carl Ludwig Engel hatte großen Anteil an dem Neuerstehen der Stadt. Von ihm wurde unter anderem das Stadtzentrum um den Senatsplatz geplant, das bis heute nahezu komplett erhalten ist. 1840 war der Wiederaufbau vollendet. Nun wuchs die Stadt ständig und bedeckte nach und nach die ganze zerklüftete Halbinsel, um sich dann weiter nach Norden auszubreiten. Zu jener Zeit war man eng mit dem russischen Zarenhaus verbunden. Dies kann man bei einem Spaziergang über die Halbinsel Katajanokka feststellen.

Wer sich für den Jugendstil interessiert, findet ein Paradies vor. Eliel Saarinens Hauptbahnhof von 1904 führt weg von der nationalen Romantik in seiner floral gekurvten Ornamentik hin zum Kubismus, Lars Sonck's Börsenhaus in der Fabianinkatu und das Telefongesellschaftshaus in der Korkeavu-Orenkatu oder Lindqvists Markthalle in Hietalahti sind nur einige weitere Beispiele für diese Entwicklung. Ein Beispiel für den nordischen Klassizismus der 1920er Jahre ist das Parlamentsgebäude von J. S. Sirén. Der 1919 an den Bahnhof angefügte Expressgut-Bereich ist in eine besuchenswerte Einkaufspassage verwandelt worden.

Sehenswertes

Das alte **Zentrum um den Senatsplatz** entstand in der ersten Hälfte des 19. Jh., mit seinem größten Gebäude, dem **Dom,** der früheren Senatskirche. Egal aus welcher Richtung man sich Helsinki nähert, der weiße Dom ist immer auszumachen. Er thront erhaben über dem Senatsplatz, ein Meisterwerk Carl Ludwig Engels, obwohl er sich mit den Beamten des Zaren ständig herumstritt, denen der Bau zu westlich war. Er musste sich einige Veränderungen gefallen lassen, die größte jedoch erst nach seinem Tod 1840: Man setzte an jede Ecke schnell noch ein Türmchen und aufs Dach wurden Apostelfiguren gestellt.

Die **Temppeliaukio-Kirche** (Lutherinkatu 3) ist eine einmalige, sehenswerte Kirche, die 1969 in den Felsen hineingesprengt wurde. Architekten waren die Gebrüder Timo und Tuomo Suomalainen. Wegen der guten Akustik wird sie häufig für Konzerte genutzt.

Markthalle Vanha Kauppahalli: Sie wurde 1888 von dem Architekten Nyström als wetterfeste Bereicherung des Wochenmarktes gebaut. In diesen kleinen Backsteinhallen auch heute noch Markt statt. Eteläranta, geöffnet werktags 9–18 Uhr, Sa/So 11–17 Uhr.

Stadtviertel „Eira", eines der besterhaltenen Jugendstilviertel, ursprünglich ein Industriegebiet, ist heute das teuerste Wohnviertel Helsinkis.

Kiasma, Museum für zeitgenössische Kunst (Mannerheiminaukio 2). An der Hauptpost, direkt hinter dem Mannerheimdenkmal, auf dem Gelände des Güterbahnhofs, steht das Museum für die zeitgenössische Kunst. Der Entwurf des Kiasma (Elemente-Überschneidung) stammt von dem Amerikaner Steven Holl. Es ist ein wellenförmiges Gebäude, das von einem weiteren, keilförmigen durchdrungen wird. Die Fassade ist mit Titanzink und künstlich oxidierten Messingelementen belegt. Sandgestrahlte Glasblöcke lassen das Licht diffus eintreten. Ein Wasserbecken wird von einem Zufluss versorgt, der durch das Gebäude verläuft.

Das neue **Musiktheater Musikkitalo,** Mannerheiminie 13, zeigt stolz seine gläserne Fassade. 1700 Musikfreunde finden im großen Saal Platz.

023nk Abb.: fh

▲ *Egal von welcher Richtung man sich der Stadt nähert - der Dom ist immer exponiert*

Seefestung **Suomenlinna,** 1748 auf den Inseln vor Helsinki gegründet (ursprünglich hieß sie Viaborg) und unter der Leitung von Augustin Ehrensvärd gebaut, ist Suomenlinna die größte Seefestung der Welt. Die Festungsinsel ist seit 1991 UNESCO-Weltkulturerbe. Sie verfügt über eine Vielzahl interessanter Museen (geöffnet Mai–Sept. täglich 10–17 Uhr). Die Überfahrt dauert nur wenige Minuten, die Fähren fahren vom Marktplatz alle 20–30 Minuten. In einer ehemaligen Inventarkammer der Marine befinden sich die Touristeninformation und das Besucherzentrum, beide ganzjährig geöffnet 11–16 Uhr.

Märkte: Der größte liegt am Südhafen unweit des Senatsplatzes, Mo–Sa 7–14 Uhr, im Sommer öffnet gegen 16 Uhr der Flohmarkt (bis abends). In der Markthalle Vanha Kauppahalli daneben werden Lebensmittel und Kunsthandwerk angeboten (Mo–Fr 8–17 Uhr, Sa 8–15 Uhr). Am Ende des Bulevardi liegt der Hietalahti Flohmarkt (Designersachen bis Nippes, Mo–Fr 8–14 Uhr, Sa 8–15 Uhr). Dort befindet sich auch ein normaler Markt (Hietalahti Markthalle, Mo–Fr 10–17 Uhr, Sa bis 15 Uhr).

Töölönlahti: Etwas Ruhe mitten in der Stadt bietet der See Töölönlahti hinter dem Hauptbahnhof. In der Nähe der Finlandia-Halle gibt es einen Ruderbootverleih.

Sibelius-Park: Felsen und Birken wie in Lappland umrahmen das orgelförmige Denkmal des großen Komponisten Jean Sibelius.

Sparokoff-Trambahn: Eine der originellsten Arten, Helsinki kennen zu lernen, ist der rote Straßenbahnpub Sparokoff. In einer umgebauten Tram von 1959 geht es quer durch die City, vorbei an fast allen wichtigen Sehenswürdigkeiten. Abfahrt tgl. außer So zur vollen Stunde von 11–15 Uhr, Sa bis 17 Uhr.

Kabelfabrik **Kapapeli,** Tallberginkatu 1 G (Metro nach Westen bis Ende Ruoholahti). Die Veranstaltungen der Alten Kabelfabrik von Nokia ziehen jährlich über 250.000 Besucher an. Es gibt u.a. drei Museen und acht Galerien, Tanz, Theater, Sport und Musik. Beliebtes Café-Restaurant.

Die **Helsinki Card** erhält man bei der Tourist-Info oder im Hotel für einen Tag (35 €), zwei Tage (45 €) oder drei Tage (55 €). Mit ihr hat man in 48 Museen freien Eintritt und Ermäßigung bei Bus/Bahn.

Verkehr

Helsinki hat ein gut ausgebautes Bus-, Straßenbahn- und Fährsystem. Fahrscheine gelten auf allen Strecken. Es sind Plastikkarten mit Mikrochips, die man beim Einsteigen am Lesegerät vorbeiziehen muss. Abgelaufene Karten können an den Verkaufsstellen wieder aufgeladen werden. Es gibt auch 24-Stunden-Tickets.

Straßenbahn: Ein preisgünstiger Weg, zahlreiche Sehenswürdigkeiten Helsinkis zu sehen, ist eine Fahrt mit der Straßenbahnlinie 3T. Sie führt vorbei an Objekten wie Finlandia-Halle, Parlament, Nationaloper und Senatsplatz. Man kann an jeder beliebigen Haltestelle, z. B. Marktplatz, Stockmann oder Hauptbahnhof, zusteigen. Die komplette Rundtour dauert ca. 1 Stunde. Bei den Verkaufsstellen gibt es einen eigenen Prospekt für die 3T. Ein Ticket für Erwachsene kostet 1,80 €/Std.

Übernachtung

Campingplatz Rastila in Vuosaari, etwa 13 km vom Zentrum Helsinkis nach Osten, über die E 18 bis zum Ring 1 in Richtung östliches Zentrum (östra Centrum oder Itäkeskus) nach Vuosaari, hinter der Brücke links. Tel. 3216551, ganzjährig geöffnet, etwa 19 €. Mit Sauna, Badestrand und naher Metrostation (18 Min. in die Stadt), über 200 Plätze auf teilweise bewaldeter Wiese.

024nk Foto: hb, City of Helsinki Picture Bank, Boy Hulden

▲ *Ein Fährschiff der Silja Line im Hafen von Helsinki*

Metro: Die Metro hat 18 Stationen, an 7 weiteren Richtung Espoo wird gebaut. Karten kauft man in der Simonkatu 1 direkt am Busbahnhof, zu erreichen vom Hauptbahnhof über die Mannerheimintie, oder an den Bahnhöfen Rautateientori und Hakaniemi. Ein Ticket für Erwachsene kostet 2 €/Std. Die Travel Card für Touristen, erhältlich in allen Läden der Kioskkette „R-Kioski", kostet für 24 Stunden 6,80 € und für jeden weiteren Tag 3,80 €.

Fähren

- *Silja Line, Eteläsatama (Südhafen), Olympia-Terminal, Olympiaranta 1, Tel. (0)91 80 45 39*
- *Viking Line, Terminal Katajanokanlaituri 8 (Mastokatu 1), Tel: (0)9 1235311*

Parken

Die Innenstadt ist voll, einen Parkplatz suchen ist eine echte Herausforderung. Es gibt Automaten, die das Parken – je nach Farbe – zwischen 1 und 4 Stunden erlauben (Innenstadtzone siehe Stadtplan). Es gibt auch Rubbelscheine an Kiosken, die für alle gebührenpflichtigen Parkflächen gelten. Hat man tatsächlich einen freien Parkplatz unter die Räder bekommen, rubbelt man auf dem Schein Monat, Tag, Stunde und Minute ab und klemmt ihn hinter die Frontscheibe. Üblich sind auch Parkscheiben und das Handyparking, bei dem man beim Abstellen und Losfahren eine spezielle Nummer des Gebührenrechners anrufen muss. Die Gebühr wird dann minutengenau abgebucht.

Automobilklub Autoliitto
Hämeentie 105 A, 00550 Helsinki,
Tel. (0)9 72584400, www.autoliitto.fi

Für Langzeitparker gibt es das In-Car Parking Meter für rund 100 € beim Parküberwachungsamt zu kaufen. Auf einer Chipkarte werden dann die Gebühreneinheiten auf Knopfdruck abgezogen, die Karten muss man sich nach Ablauf beim Amt wieder laden lassen; die preiswerteste Methode für Leute, die oft in der Stadt parken, da man nur die Zeit bezahlt, die man tatsächlich verparkt. Infos gibt es beim Amt für Stadtentwicklung unter www.hel.fi.

Wer selbst suchen will, kann sich den Parkplatzführer (deutsch/engl.) bei der Tourist-Info besorgen.

Man kann auch im Parkhaus Autohotelli an der Ehrenströmintie (am Olympiaterminal) parken und dann mit der Bahn weiter ins Stadtzentrum fahren.

Helsinki – Tampere (180 km)

Wer in Helsinki ankommt und gleich direkt nach Norden will, folgt der E 12 vorbei an ⓮ **Riihimäki** (Campingplatz zwischen 3 Seen) und Hämeenlinna nach Tampere.

In ⓯ **Hämeenlinna** kann man die Burg Häme aus dem 13. Jh. besichtigen. Übernachten kann man auf dem kleinen Parkplatz am rückwärtigen Burgeingang. Dazu am Besucherparkplatz rechts abbiegen und dem Straßenverlauf folgen. Ein Campingplatz ist am Aulanko Naturpark, am gleichnamigen See. Mitten im Ort gibt es das Geburtshaus des nationalromantischen Komponisten Jean Sibelius zu besichtigen. Das nächste wichtige finnische Kulturgut liegt 20 km weiter in **Iittala** und ist natürlich die weltbekannte finnische Glashütte Iittala. Fabrikverkauf, Besichtigungen und allerhand Souvenirs erwarten den Gast. Einige Kilometer weiter durchfährt man ⓰ **Visavuori,** wo man das sehenswerte Atelier des berühmten Bildhauers Emil Wikström besichtigen kann. Er schuf beispielsweise die Leuchten-Skulpturen an der Fassade des Helsinkier Bahnhofs. Nach 15 km erreicht man die Ortsgrenze von Tampere. Die E 12 biegt nun leicht nach Westen ab Richtung 9 Vaasa, wo sie auf die Ostsee trifft.

Turku – Tampere – Vaasa (395 km)

Kommt man über den Fährhafen von Turku, nimmt man vom Autobahnring die dritte Ausfahrt. So gelangt man über die E 63 ins Landesinnere nach Tampere. Fährt man aus der Stadt westlich auf die E 12, passiert man nach 5 km die Hinweisschilder nach 17 **Nokia,** den Ort, der durch seine Gummistiefelfabrik bekannt wurde. Als man später in dieser Firma mit der Handyproduktion anfing, wurden der Name und der Ort weltberühmt.

18 **Tampere** hat 200.000 Einwohner, dazu den höchsten Aussichtsturm, die älteste Papierfabrik und es gibt einige Museen zu bestaunen. Interessant ist das Leninmuseum. Von hier war der berühmte Revolutionär aufgebrochen, das russische Reich zu erobern, nachdem er drei Jahre lang im Exil in Finnland lebte.

Übernachten in Tampere
Härmälä heißt der örtliche Campingplatz. Er liegt 5 km südlich an der Leirintäkatu am Pyhäjärvi. Mit 500 Stellplätzen ist er nicht klein (Mai–Sept.).

Von Tampere geht es dann via E 12 durch das Seengebiet nach Vaasa. Leider ist die Autobahn bald zu Ende, dafür locken unzählige Seen zur Rast. Übernachten kann man in ⑲ **Kostula,** in ⑳ **Kylpylä** und in ㉑ **Parkano.** Danach werden die Seen spärlicher und man nähert sich nach weiteren 70 km Vaasa (schwedisch: Vasa) an der Ostseeküste.

⑨ **Vaasa,** 1606 durch den schwedischen König Karl IX gegründet, hat heutzutage etwa 57.000 Einwohner. 25 Prozent der Bevölkerung sind schwedischsprachig.

Der König verlieh der Stadt bei ihrer Grün-

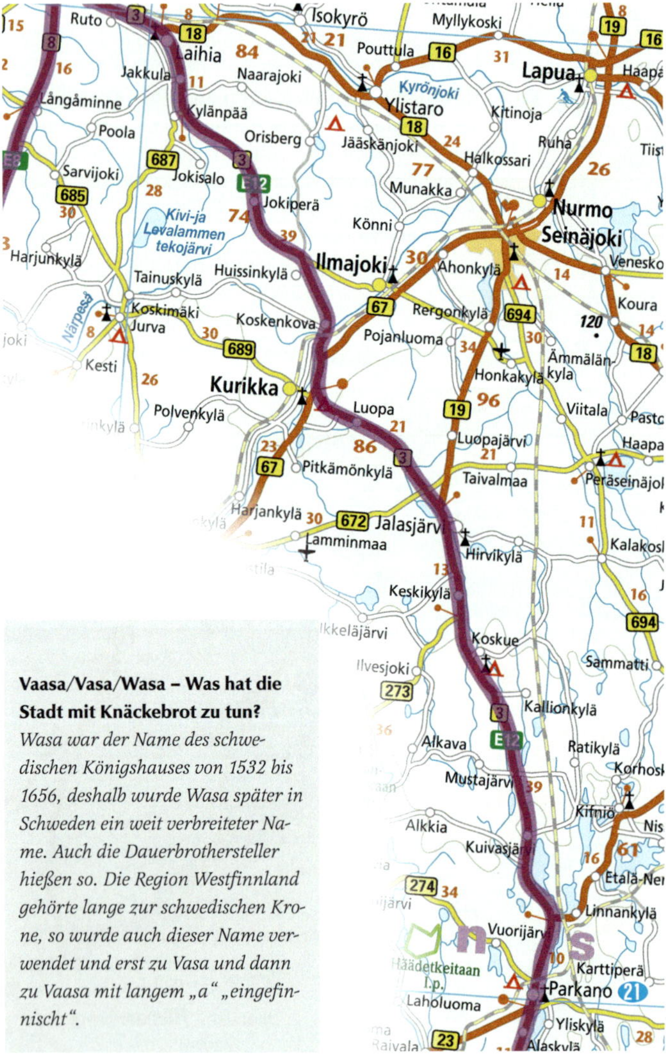

Vaasa/Vasa/Wasa – Was hat die Stadt mit Knäckebrot zu tun?

Wasa war der Name des schwedischen Königshauses von 1532 bis 1656, deshalb wurde Wasa später in Schweden ein weit verbreiteter Name. Auch die Dauerbrothersteller hießen so. Die Region Westfinnland gehörte lange zur schwedischen Krone, so wurde auch dieser Name verwendet und erst zu Vasa und dann zu Vaasa mit langem „a" „eingefinnischt".

dung den Namen seines Adelsgeschlechts: Wasa. Kirche, Marktplatz und Rathaus bildeten das Zentrum, das etwa 7 km südwestlich vom heutigen Stadtzentrum entfernt liegt. Mitte des 14. Jahrhunderts wurden das Schloss Korsholm und die Kirche Santa Maria errichtet, das Schloss ist noch heute als Ruine zu sehen. Die ganze Stadt brannte 1852 bis auf zwei Häuser ab. 1918 rückte die Stadt ins Licht der Öffentlichkeit, als es nach der finnischen Unabhängigkeitserklärung hier zu Kämpfen zwischen den roten und den weißen Garden kam. Heute lockt eher das Freizeitparadies Wasalandia und der Wasserpark Tropiclandia. Beide Attraktionen und der Campingplatz liegen westlich des Zentrums über die Brücke auf der Insel Vaskiluoto. Hier befindet sich auch der Fähranleger (23) für die Fähre nach Umeå in Schweden.

Vaasa – Jakobstad – Kokkola – Raahe – Oulu (314 km)

Die 8 führt an der Ostsee nach Norden. Kokkola/Karleby ist ausgeschildert. Zur Rast empfiehlt sich ein kleiner Parkplatz bei (24) **Korsholm,** 20 km nach Norden. An einem kleinen See liegt eine Cafeteria. 25 km weiter in **Kivipuisto** kann man sich über Finnlands Steine kundig machen. In einem Park sind alle Gesteinsarten aufgestellt, die in Finnland zu finden sind, hauptsächlich Granit, Gneis aber auch Steatit.

Am Meer liegt eine kleine Rastanlage, auf deren Gelände man gegen Gebühr mit dem Wohnmobil übernachten kann. Wer 25 Jakobstad einen Besuch abstatten will, biegt beim Schild Jakobstad/Pietarsaari links auf die 741 ab. Beim Fäboda-Strand gibt es einen einfachen Campingplatz im Wald und der Svanen-Camping liegt nördlich in Nissasörn. Der Ort selbst lockt mit einem Tabak- und Waffenmuseum und dem Geburtshaus des Dichters Runeberg. 30 km später ist man in 26 **Kokkola.** Hier gibt es einen Park, in dem eine englische Barkasse aus dem 19. Jh. steht, und ein Viertel mit alten Holzhäusern. Der Sandskata Strand bietet einen Parkplatz zum Übernachten. Man folgt 5 km der Beschilderung zum Badeplatz. Ein offizieller Platz ist Suntinsuu, 2 km am Fluss nach Nordwesten.

Übernachten in Vaasa

Zum ***Top Camping Vaasa*** *fährt man hinter dem Vergnügungspark* 22 *Wasalandia links ab, 2 km vom Zentrum Niemeläntie (Insel Vaskiluoto).*

Auf der gleichen Insel links nach der Brücke an der Moottorikatu liegt der ***Top Camping Finland Ry.***

Die Weiterfahrt verläuft wieder in Meeresnähe nach Norden. 130 km sind es bis nach Raahe. Unterwegs passiert man das Urlaubsparadies 27 **Hiekkasärkät,** in der Nähe von Kalajoki. Hier gibt es Badestrände, zwei Campingplätze und allerhand touristische Einrichtungen. Man kann einen Ausflug zur Insel 28 **Maakalla** unternehmen oder einen Freizeitpark besuchen. Übernachten in verhältnismäßiger Ruhe kann man beim Vogelparadies Holma, den Schildern im Ort folgen, die Straße führt bis zum Ufer der Ostsee.

㉙ **Raahe** wurde im 17. Jahrhundert vom Grafen Per Brahe gegründet. Zu seinen Ehren steht im Zentrum sein Denkmal. Außerdem bietet die Stadt ein Museum zum Thema Seefahrt und alte Schiffseignerhäuser am Hafen. Hinter dem Ort biegt die Straße 8 ein wenig ins Landesinnere ab. Von hier sind es noch 75 km bis **Oulu.** Kurz vor der Stadt sieht man auch die Ostsee wieder.

Übernachten in Oulu

Wer übernachten will, kann die Halbinsel Hietasaari mit dem Campingplatz Nallikari im Nordwesten anfahren: ein sehr gut ausgestatteter Platz in einem Wäldchen in Strandnähe.

Oulu – Kemi – Tornio (155 km)

Die Stadt ㉚ Oulu wurde im Jahr 1605 von König Karl IX auf dem Festland gegenüber der Insel Linnansaari und der dort damals befindlichen Festung gegründet. Der Name Oulu stammt aus dem Samischen, es bedeutet Hochwasser.

Seit 1776 ist Oulu die Provinzhauptstadt. Einst war hier der größte Teerexportort der Welt. Teer war für die Seefahrt wichtig, denn die Holzrümpfe der Schiffe wurden alle geteert. Die Stadt der Exporteure wurde reich, bis die Ära der Stahlschiffe im 20. Jh. dem Boom ein Ende bereitete. Außer dem Teermuseum gibt es in der Stadt die Speicherhäuser und die Markthalle zu sehen, wo man auch heute noch einkaufen kann. Carl Ludwig Engel baute die Domkirche und heute ist der Sitz der Firma Nokia in der Stadt.

20 km vor dem Zentrum von Oulu trifft die Straße 8 auf die E 75/Finn 4, die nach Kemi führt. Der Oulujoki fließt mitten durch den Ort. Ab Ortsausgang gibt es ein Stück Autobahn, danach verläuft die Straße gut ausgebaut durch den Wald. Hier gibt es Rastplätze mit Toiletten und Kiosken, danach geht es bei ㉛ **Li** über den Li-Fluss. Immer wieder finden sich Campingplätze links der Straße am Meer, in der Regel nicht mehr als 15 km voneinander entfernt.

Kemi

32 Die 2500 Einwohner zählende Hafenstadt an der Kemijoki-Mündung liegt auf einer Halbinsel. Sie wurde durch das **Schneeschloss** bekannt, dass beim Winterkarneval 1997 gebaut wurde. Es zog 300.000 Besucher an. Davor war der Eisbrecher Sampo, der im Sommer als Museum im Hafen liegt (die Valtakatu nach Süden), die größte Attraktion. Das Schiff fuhr 30 Jahre als Eisbrecher über die Ostsee und nimmt nun jeden Winter Touristen auf Touren mit. Vom Bahnhof führt eine Straße geradewegs zum Hafen hinunter, links davon liegen am Ufer eine Badestelle und der Campingplatz. Den besten Überblick über die Stadt hat man von der Terrasse des Rathausturms, mit dem Panorama-Café, Valtakatu 26.

Im Sommer ist das größte Edelsteinmuseum Europas in der Kauppakatu 29 geöffnet, der Eintritt ist ziemlich teuer. Zu sehen gibt es u. a. die Krone von Väinö, des Königs von Finnland, und Kopien von europäischen Kronjuwelen. Außerdem gibt es ein Feriendorf, zwei Motels und zwei Museen.

Am Ortsende folgt man hinter der Brücke über den Kemi der E 4/E 75 in Richtung 33 **Tornio.** Wer in Finnland bleiben will, folgt der Straße am linken Ufer in Richtung 34 **Rovaniemi** und fährt von dort im Bogen auf der 75 nach Muonio und trifft an der Grenze zu Schweden ebenfalls die unten beschriebene Strecke.

Eine direktere Route ist die E 8/21, die am rechten Ufer des Torniojoki/Torneälv an der schwedischen Grenze entlangführt, bis nach Kilpisjärvi im Norden, wo man nach Norwegen überwechseln kann.

Dies ist aber ein Umweg zum Nordkap, deshalb sollte man nur bis 52 **Palojoensuu** fahren und dort nach 53 **Enontekiö** ab-

biegen und nach Alta in Norwegen fahren. Auf der schwedischen Seite gibt es die 400/402/403, die einen ähnlichen Verlauf hat. Hier wechselt man in 47 **Muodoslompolo** nach Finnland (Muonio) auf die E 8 und biegt ebenfalls in Palojoensuu ab.

Der größte Ort an dieser Strecke ist **Tornio** mit ca. 23.000 Einwohnern, wesentlich mehr als Haparanda, das schwedische Gegenstück auf der anderen Seite des Grenzflusses Tornionjoki. Mit dem Wohnmobil kann man auf dem relativ großen Platz an der Matkeilijantie, Nähe E 55, Mai–Dez. übernachten. Spannender ist es ein Stück nach Norden am Kukkolakoski, der großen Stromschnelle. Hier gibt es das Rasthaus Myllyn Pirtti, dass Stellplätze vermietet.

Weiterreise

siehe Kapitel „Gemeinsame Strecke in Norwegen zum Nordkap“.

Durch Schweden – IKEA, Elche und Pippi Langstrumpf

Die Strecke durch Schweden zum Nordkap scheint mir der bequemste Weg zum Reisen zu sein. Die Straßen sind gut ausgebaut und geradlinig geht es nach Norden. Auf dem ersten Viertel des Weges hat man die Möglichkeit, Stockholm – die Perle am Mälarsee – zu besuchen, bevor man in die endlosen Wälder abtaucht.

Die Straßen

Der Verkehr ist dünn, sobald man Stockholm hinter sich gelassen hat. Bis Ende des 19. Jh. wurden Transporte hauptsächlich im Winter abgewickelt, wenn die Flüsse und Seen gefroren waren. Dann ließ es sich im Schlitten bequem reisen. Heute gibt es ein gut ausgebautes Straßennetz. Auf den schwedischen Straßen fährt man immer mit Abblendlicht oder speziellen Tagfahrleuchten. Gelbe Linien am Straßenrand bedeuten Halteverbot. Höchstgeschwindigkeiten: innerorts 50 km/h, außerhalb 70 bis 90 km/h, Autobahn 90 bis 110 km/h. Wohnmobile ab 3,5 t und Gespanne dürfen auf Landstraßen 80 km/h und auf Autobahnen 90 km/h fahren. Die Promillegrenze liegt bei 0,2 ‰, Bußgeld bei Geschwindigkeitsüberschreitung: ab 260 €.

Die Campingplätze

Sveriges Campingvärdars Riksförbund betreibt die meisten Plätze im Land – etwa 600. Auf diesen Plätzen ist die Camping Card Scandinavia (CCS) obligatorisch. Sie kostet ca. 140 SEK im Jahr. Man bekommt die Karte z. B. über www.camping.se. Viele Plätze, besonders im Norden, sind eher schlicht ausgestattet. Die Schweden lieben es, am See zu sitzen, deshalb liegen die Plätze oft am Wasser. Da die Übergangszeit im Herbst ungemütlich ist, stehen auf fast allen Plätzen im Land feste Hütten, mehr oder weniger gemütlich eingerichtet. Vom Doppelbett mit allem Komfort bis zur Mehrbetthütte ist alles vertreten.

Für Wandervögel, die nicht länger als eine Nacht bleiben wollen, erfand man den Quick-Stop. Das sind Plätze, die man nach 21 Uhr

Telefonvorwahl Schweden: *0046*
Pannenhilfe: *Väghjelp 020 912912, Falck 087 679 000*

anfährt und vor 9 Uhr wieder verlässt. Man erkennt diese Möglichkeit am Schild auf dem ein Zeiger auf der 9 steht, der zweite müsste auch auf der 9 stehen. Das kostet dann 35 % weniger.

- **Gas:** Es gibt keine flächendeckende Verteilung von Füllstationen für deutsche Flaschen. Tankstellen für Autogas gibt es auch nur im Süden des Landes. Zum Tanken braucht man einen Adapter für italienische Flaschen, der auch für deutsche passt, aber in Schweden verbreiteter ist. Gastanks kann man füllen u. a. in Hesingborg: Aniol Gasol; Göteborg: Preem; Stockholm/Nacka: Preem; Växjö: Gasolbolaget; Åhus: Åhus Gas; Jönköping: Kem och Gas; Linköping: ÖP Energi; Karlstad: OK/Q8; Mönsterås: Timmernabbens Karamellfabrik; Falun: Gasbolaget; Sundsvall: Gasoldepån; Piteå: OK/Q8
- **Strom:** Wie in allen skandinavischen Ländern sind auch schwedische Campingplätze mit normalen Schuko-Steckdosen ausgerüstet, die aber mit mind. 16 Ampere meist ganz gut abgesichert sind.
- **Wasser:** Die üblichen ½- oder ¾-Zoll-Anschlüsse gibt es überall.
- **Abwasser:** Ausgüsse für Schmutzwasser gibt es auf allen Plätzen, da man in Schweden nur geschlossene Systeme verwendet, man darf also kein Wasser aus seinem Wohnmobil in einen Eimer laufen lassen, sondern muss es in eingebauten Tanks auffangen.

◀ *Die Øresundbrücke – eine Alternative zur Fähre*

Die Strecke

Malmö – Helsingborg – Jönköping (295km)

Es gibt von Deutschland die Fährverbindungen von Travemünde, Rostock und Saßnitz nach ❶ **Trelleborg.** In das dänisch anmutende ❷ **Malmö** im Süden kann man auch direkt von Deutschland aus gelagen. Mit dem Umweg über Dänemark kommen Travemünde – Gedser oder die Vogelfluglinie über Puttgarden – Rødby und anschließend Helsingør – Helsingborg in Frage. Alternativ zur letzteren kann man auch die Brücke von Kopenhagen nach Malmö benutzen. Auf jeden Fall kommt man in Schweden auf die E 6, der man nun nach Norden bis ❸ **Helsingborg** folgt (Übernachtung: Dalabadet CA 2,5 km östlich Trelleborgs, Limhamn/Sibbarb bei Malmö, Röstånga bei Ljungbyhed/Helsingborg). Hier biegt man auf die E 4 ab, die 1600 km weit über Stockholm bis nach Haparanda am Polarkreis führt.

80 km sind es bis ❹ **Traryd,** ein hübscher Ort, die Umgebung lädt zum Wandern ein. Am Laganfluss liegt ein Wasserkraftwerk. Übernachten kann man bei Postsjöns Camping, gleich nach der Ortseinfahrt in Traryd. In Lagan kommt man über eine Brücke auf den Bolmsö CA auf der gleichnamigen Insel. Von hier sind es noch 35 km bis ❺ **Värnamo.** Der 35.000 Einwohner zählende Ort liegt westlich der E 4 inmitten von Laub- und Nadelwäldern, die von Weiden und sumpfigen Stellen unterbrochen werden. Durch den Ort fließt der Lagan, wodurch Värnamo früher als Handelsplatz interessant war. Im Ort lohnt sich ein Blick in den Park, der unter Naturschutz steht. Vom 300 m hohen Isaberg hat man einen guten Rundblick.

Nach weiteren 70 km erreicht man die Südspitze des Vätternsees. Hier kann man in **Jönköping** eine Rast einlegen.

Jönköping – Gränna – Linköping – Norrköping – Stockholm (440 km)

❻ **Jönköping** ist die Hauptstadt von Nordsmåland. Die 100.000 Einwohner-Stadt wurde im 19. Jh. durch die Streichholzindustrie reich. Nachvollziehen kann man die Entwicklung im Tändstickmuseet in der Västra Storgatan 18. In der alten Streichholzfabrik gibt es kleine Läden, ein Radiomuseum und ein Theater. Südlich der Stadt im Eurostop-Center findet man ein Wachsfigurenkabinett.

Quasi mit Jönköping verwachsen ist ❼ **Huskvarna,** dem Technikkenner bestes bekannt, da hier nicht nur die Waffenfabriken Schwedens liegen, sondern auch Motorsägen, Nähmaschinen und Öfen hergestellt werden.

Die Abfahrt 8 **Gränna** führt zum Seeufer. Von hier kann man zur Insel Visingsö übersetzen, auf der es Ruinen zu besichtigen gibt. Der gut besuchte Grännastranden Camping liegt direkt am See. Der Ort ist bekannt für die rotweißen Polkagrisar, Zuckerstangen, die hier hergestellt werden. Das Ortsschild ziert eine überdimensionale Version aus Stahl.

Zurück auf der E 4, ist nach 35 km 9 **Linköping** erreicht, eine bedeutende südschwedische Stadt mit 120.000 Einwohnern. Der Ort ist Bischofssitz, Garnisons- und Universitätsstadt. Auch als Industriestandort ist die Stadt bedeutend. Seit der Bronzezeit ist die Gegend besiedelt. Im nordischen Krieg wurde die Siedlung in Brand gesteckt und später ziemlich rechtwinklig wieder neu errichtet. Mehrere Freizeitparks ziehen die örtliche Bevölkerung an. Zu sehen gibt es u. a. ein großes Freilichtmuseum und das alte Schloss. Gut 50 km weiter liegt der kleine Ort Norsholm. Hier überquert die E 4 den Götakanal, die wichtige Schiffsverbindung von Stockholm nach Süden.

Bis Stockholm sind es jetzt noch ca. 200 km.

Übernachten in Jönköping

- ***Villa Björkhagen***, *280 Stellplätze, Quick-Stop möglich. Abfahrt Elmia und dann in Richtung Roselund. Der Platz liegt herrlich hoch über dem See. Laden, Strandbad sind in der Nähe, länger bleibende Gäste können sich an die platzeigene Ver- und Entsorgung anschließen.*
- ***Lovsjöbadens Camping*** *liegt an der E 4 etwa 12 km vor dem Ort.*
- *Auf halben Weg zwischen Jönköping und Gränna liegt das Motel Vätterleden sowie ein Campingplatz.*

030nk Abb.: fh

▲ *Folke auf der Suche nach seinem Enkel - Brunnen von Carl Milles in Linköping*

Nun sind es noch 42 km bis ⑩ **Norrköping,** einer Industriestadt mit 90.000 Einwohnern, die an einem schmalen Arm der Ostsee liegt. Im 17 Jh. siedelte sich hier die Textilindustrie an, wodurch über hundert Fabriken entstanden. Es gibt Reste alter Industriearchitektur zu sehen, ein Stück alter Wallanlage mit Turm und den Freihafen. An der E 4 im Stadtteil Himmelstalund sind gut erhaltene Felszeichnungen aus der Bronzezeit zu sehen.

Übernachten

Übernachten kann man vorher südlich von Linköping im Sätravallens Camping bei Bestorp oder auf dem Campingplatz von Glyttinge 4 km westlich, der auch 30 Reisemobilplätze mit Wasseranschlüssen hat. In Sandvik, etwa 20 km nördlich am Roxensee beim Kloster Vreta liegt ebenfalls ein größerer Campingplatz, den man anlaufen kann, wenn man die südlichen Plätze verpasst hat.

Übernachten in Norrköping

In der Stadt selbst liegt Citycamping Himmelstalund am Utställingsvägen. Wer außerhalb bleiben möchte, kann nach Bodaviken zu Kolmrådens Camping fahren, oder man biegt 15 km vor Norrköping von der Autobahn ab und fährt nach Nordwesten zum Mårängens Camping in Skärblacka am Glansee gelegen.

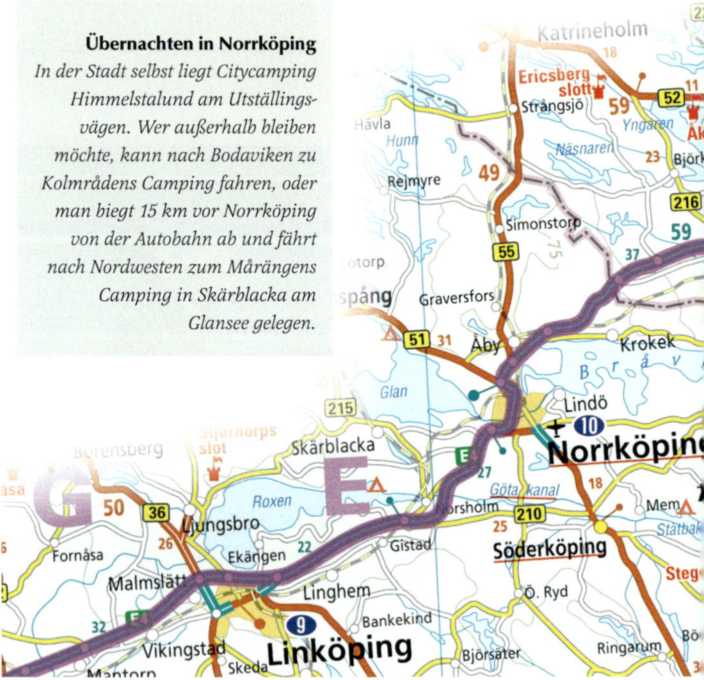

Auf der E 4 gelangt man aus den waldreichen Gegenden ab ⓫ **Södertälje** in den Stockholmer Bereich, was man vor allem durch das erhöhte Verkehrsaufkommen bemerkt.

Stockholm – die Perle am Wasser

⓬ Wer mit dem Wagen über die E 4 gekommen ist, kann schnell einen Abstecher zum Venedig des Nordens machen. Die Hauptstadt Schwedens hat knapp 760.000, mit den ganzen Vorstädten fast 1,7 Mio. Einwohner. Nach endlosen Vorstädten erreicht man den Verteiler vor Lilleholmen. Geradeaus geht es über Södermalmen zum Slussen, dem Verteilerring für die Innenstadt. Wer nicht in die Stadt

Stockholm Zentrum
Norrmalmen
Olof Palmes G.
Apelbergsgatan
Hötorget
Kungsgatan
Oxtorgsg.
Jakobsbergsg.
Mäster Samuelsg.
Stureplan
Birger Jarlsgatan
Grev Tureg.
Norrlandsg.
Biblioteksgatan
Smålandsg.
Dramaten (Schauspielhaus)
Nybroplan
Sveavägen
Sergelgatan
Drottninggatan
Malmskillnadsgatan
Regeringsgatan
Kungsgatan
G:la Brog
Vasagatan
Ö. Järnvägsg.
Klara N. Kyrkog.
Sergels Torg
Hamngatan
T Centr.
Kulturhuset
Klarabergsviad.
Kungsträdgården
Trädgårdsg.
Kungsträdgårdsg.
Blasieh. g.
Arsenalsg.
Kungsträdgården
Malmtorgsg.
Vattugatan
Herkulesg.
Bahnhof
Gustav Adolfs Torg
Strömgatan
Strömbron
NORR- STRÖM
Jakobsg.
Fredsgatan
Tegelbacken
Norrbro
Riksbron
HELGEANDS-HOLMEN
Stadthaus
Kaknästurm
Centralbron
Vasabron
Slottskajen
Königliches Schloss
Myntgatan
Storkyrkan
Finskakyrkan
RIDDARHOLMEN
Riddarholmskyrkan
Västerlångg.
Stora Nygatan
Lilla Nygatan
Tyska-kyrkan
Österlångg.
Skeppsbron
GAMLA STAN
Gamla Stan
0
300 m
S. Järnvägsbron
Munkbroleden
Karl J. Torg
Söder Mälarstrand
Mälarsalen
Stadsmuseet
Slussen
Katarinavägen
Glasbruksg.
Bastugatan
Tavastgatan
Brannkyrkagatan
Hornsgatan
Timmermansg.
Blecktornsgr.
Bellmansg.
Maria Magdalena-kyrka
Södermalmen
Söderledstunneln
Mariatorget
Torkel Knutssonsg.
Krukmakarg.
Sankt Paulsgatan
Swedenborgsg.
Björngårdsg.
Kvarng.
Svartensgata
Andreas-kyrkan
Yxkullsg.
Maria Prästgårdsg.
Högbergsgatan
©Reise Know-How 2012

Durch Schweden

Information

- *Sverige Huset, Hamngt. 27, Eingang Kungsträdgården, 10384 Stockholm, Tel. 08 50828508, www.visitstockholm.com/de*
- *Touristinfo, Vasagatan 14, Tel. 08 50828508*
- *Svenska Turistföreningen (STF), Tel. 08 4632100 (deutsche Telefonansage: 08 221850), www.stfturist.se*

will, bleibt auf der E 4, die links um die Stadt herum nach Uppsala führt. Ab Sollnentuna kehrt man Stockholm den Rücken.

Stadtgeschichte

Entstanden ist die Stadt etwa im Jahre 800. Sie wurde um die von Birger Jarl errichtete Festungsanlage angelegt, die auf der Insel **Björkö** im Mälarsee stand. Dieser Süßwassersee liegt etwa 40 km von der Ostsee entfernt, jedoch reichen Meerwasserarme bis an den See heran.

Die Festung zog **Kaufleute** an, die sich dort niederließen, und so vergrößerte sich die Ansiedlung zusehens. Gegen Ende des 16. Jh. betrieben dort etwa 6000 Kaufleute ihr Handwerk, ein Drittel davon waren Deutsche.

Zu dieser Zeit expandierte die Stadt auf das Festland und wurde **Sitz des Königs.** Als Flottenstützpunkt war sie allerdings ungünstig, da die Ostsee in dieser Gegend im Winter zufror. Deshalb wurde die königliche Flotte in Karlskrona in Südschweden stationiert. Der auf den Resten der alten Festung gebaute Königshof blieb natürlich in Stockholm.

Heute hat sich der Stadtkern Stockholms auf 14 Inseln ausgedehnt. Die „Alte Insel" mit der deutschen Kirche, dem Reichstag und dem königlichen Schloss ist nur ein Teil der vielen Sehenswürdigkeiten der Stadt. In den städtischen Gewässern werden sogar Lachse gefangen, was die Stadtväter gern als Sauberkeitsbeweis sehen.

Sehenswertes

Von Slussen, dem Verteilerring für die Innenstadt, kommt man auf die Insel Riddarholmen. Hier liegt die historische Altstadt **Gamla Stan,** die Le Corbusier wegsanieren wollte, was jedoch aus Kostengründen scheiterte. Heute gehört sie zu den großen Sehenswürdigkeiten der Hauptstadt. In den engen, gewundenen Gassen sind allerlei Modeläden und Restaurants.

Direkt daneben erhebt sich das **königliche Schloss,** ein schmuckloses Viereck. Es wurde Mitte des 18. Jahrhunderts für Karl den XII. gebaut.

CityTrip Stockholm
Der kompakte und praktische Stadtführer für den individuellen Kurztrip aus dem Reise Know-How Verlag.

- **Nordisches Museum,** Djurgården-Park, hier findet man die abwechslungsreichste Sammlung Stockholms. In ihr wird skandinavische Kulturgeschichte seit dem 16. Jh. ausgestellt.
- **Vasamuseum** (Skansen, Galärvarvsvägen 14), die Vasa sollte 1628 das Flaggschiff der schwedischen Kriegsflotte werden. Dummerweise hatte man sich mit der Berechnung der Breite vertan, sodass es auf der Jungfernfahrt noch im Stockholmer Hafen kenterte und versank. 1961 wurde das Wrack mit großem Aufwand gehoben und 30 Jahre lang restauriert. Geöffnet täglich 10–17 Uhr, im Sommer 8.30–18 Uhr.
- **Nationalmuseum,** Strömkai. Hier ist die Kunstsammlung des Staates zu besichtigen, außerdem wechselnde Ausstellungen, Eintritt 100 SEK, geöffnet: Di, Do 11–20 Uhr, Mi, Fr, Sa, So 11–17 Uhr.
- **Freilicht-Museum und Zoologischer Garten Skansen** im Djurgården-Park. Hier kann man schwedische Häuser und Höfe aus verschiedenen Jahrhunderten sehen. Im Winter sind einige Gebäude des Museums geschlossen. Man erreicht das Gelände z. B. über eine Schrägseilbahn vom Haselius-Eingang aus. Der Tierpark ist von Mitte Mai bis Oktober 9–21 Uhr geöffnet. Er zeigt nordische und andere Tiere. Eintritt Skansen bis 110 SEK, Seilbahn 15 SEK.
- **Kaknästurm** (Mörka Kroken 28–30), mit 155 m das höchste Gebäude Skandinaviens. Man kann für 45 SEK mit dem Lift in dem viereckigen Gebäude nach oben fahren, dort im Restaurant essen, sich in Café oder Bar bedienen lassen oder einfach den Blick auf die Stadt genießen (Öffnungszeiten: Mai–Aug. 9–22 Uhr, sonst 10–18 Uhr, Bus 69 von Sergels Torg).
- **Dramaten,** Königliches Schauspielhaus am Nybroplan
- **Schloss Drottningholm,** „Klein-Versailles“ mit chinesischem Pavillon und sehenswertem Theater steht auf der Liste des Weltkulturerbes der UNESCO, Anfahrt mit dem Dampfschiff vom Stadthus (Mai–Sept.).

▲ *Schloss Drottningholm - schwedisches Kulturdenkmal mit volksnahem Charme*

- **Millesgården,** Lidingö, Herserudsvägen 32. Das Atelier mit der Kunstsammlung des Bildhauers Carl Milles und seiner Frau Olga liegt in einem terrassenförmig angelegten Skulpturenpark mit tollem Blick auf Stockholm. Wechselnde Ausstellungen, geöffnet 11–17 Uhr (Mai–Sept. täglich, Okt.–April Di–So).
- **Gröna Lund**, der Tivoli Vergnügungspark auf der Halbinsel Djurgården lockt mit seinen zahlreichen Fahrgeschäften und Bühnen viele große und kleine Stockholmer und ihre Gäste an. Der Park hat von Ende April bis Mitte September geöffnet.

Parken

Am besten man parkt in einem der großen Parkhäuser außerhalb, an den Park&Ride-Parkplätzen in der Nähe der Pendelzughaltestellen und U-Bahn-Stationen, die 12 SEK pro Tag kosten. In der Innenstadt kosten die Parkhäuser 30 SEK für den Abend. Oft ist das Parken an der Straße nur zu bestimmten Zeiten erlaubt. Langzeitparken ermöglichen die Fähranleger von Viking und Silja.

Die „Stockholm Card" bietet kostenloses Parken an den Parkuhren der Stockholmer Innenstadt. Dazu steckt man den Zusatzausweis hinter die Windschutzscheibe. Beachten Sie die beschilderten Einsatzzeiten der städtischen Straßenreinigung sowie die Gültigkeitsdauer des jeweiligen Parkplatzes. Die Ausweiskarte gilt nicht in Parkhäusern und auf privaten Parkplätzen.

Fähren nach Finnland

Wer will, kann von Stockholm aus nach Finnland übersetzen und die Reise dort fortführen. Günstiger ist es, von der E 4 im Norden der Stadt auf die E 18 abzubiegen und noch ein Stück nordwärts nach Kapellskär zu fahren. Die Fähre nach Turku von dort ist preiswerter. Die Fähren legen ein- bis dreimal pro Tag ab. Informationen gibt es in den Büros der Fährlinien:

- **Silja Line,** Kungsgatan 2, Tel. (0)8 222140, www.silja.se
- **Viking Line,** Stadsgården, Tel. (0)8 4524200, www.vikingline.se
- **Finnlines,** Kapellskär, Tel. (0)1 76207621, www.finnlines.fi
- **SeaWind,** S. Hamnvägen 50, Tel. (0)8 4008810, www.seawind.fi

Campingplätze

- ***Bromma,*** *Ängby (westlich von Stockholm auf E 4 Richtung Uppsala-Nord bis Ängby, dann ausgeschildert), Tel. 08 370420, ganzjährig, Hütte ab 500 SEK*
- ***Sollentuna,*** *Rösjöbadens Camping (auf der E 4 nach Norden, Richtung Norriken abbiegen, dann Richtung Edsberg, Schilder ab Kreisverkehr), Badegelegenheit, Tel. 08 962184*
- ***Skärholmen,*** *Bredäng (10 km südwestlich vom Zentrum, von Süden kommend an der Einmündung E 20/E 4 links ab, 20 km weiterfahren, kurz vor der Tankstelle abbiegen, dann Schilder, von der T-Bahn 5 Min. Weg), Tel. 977071, 2.4.-7.10., Zelt ab 95 SEK, Womo ab 190 SEK*
- ***Ellboda,*** *6 km von Vaxholm, ist von Stockholm mit dem Boot erreichbar. Tel. 08541 315 30, 15.5.-15.9.*
- ***Långholm,*** *Wohnmobil-Stellplatz im Zentrum, Mai-Sept. (E 4 Richtung Södermalm, nach Straße Liljeholmsbron Richtung Zentrum, an der Västerbron rechts ab.)*
- ***Östermalms Citycamping,*** *Fiskartorpsvägen 2, nördl. Zentrum, Juli-Aug.*

Stockholm – Uppsala – Sundsvall – Umeå – Luleå – Haparanda

Man verlässt Stockholm-City nordwärts und folgt den Schildern E 4/E 20. Wer nach Finnland über den Fährhafen **Kappelskär** fahren will, muss bei Djursholm auf die E 18 nach Norrtälje wechseln. Nach 36 km Fahrt kann man in ⓭ **Penningby** von der Straße abbiegen und das mächtige Schloss aus dem 15. Jh. besichtigen. Die Zufahrt ist ausgeschildert.

Von dort führt die Straße noch 20 km weiter bis das Ende am Fähranleger ⓮ **Kappelskär** erreicht ist. Campingplatz, ganzjährig, am Meer in Gräddö.

Wer an der Küste nach Norden will, bleibt auf der E 4, vorbei am Abzweig Arlanda-Airport und erreicht nach 25 km Fahrt die alte Universitätsstadt Uppsala.

Uppsala

15 Es ist die viertgrößte Stadt des Landes, die ursprünglich Königs- und Bischofssitz war, bis Gustav Vasa seine Amtsgeschäfte nach Stockholm verlegte. Heute erkennt man im Stadtbild eine deutliche Zweiteilung, die etwa dem Verlauf des Flusses Fyrisa folgt. Der westliche Teil ist durch Kirche und Universität geprägt, im östlichen dominiert das Bürgertum, was sich in der Architektur niederschlägt. In der Uni von 1477 studierten unter anderem Carl von Linné und ↗Anders Celsius.

Sehenswert sind der Dom, das Königsschloss, das Rathaus, das Universitetshuset und das Linné-

Anders Celsius

Dieser bedeutende schwedische Astronom (1701–1744) ist uns durch die Temperaturskala am Thermometer bekannt. Seine Skala war simpel, er teilte 1742 einfach die Spanne bei der Erwärmung von Wasser zwischen dem Kochen und seinem Gefrieren in hundert Teile und hatte die Thermometerskala erfunden. Das Wasser fror bei 100 Grad und kochte bei Null. Dies erschien seinem Freund, dem Biologen Carl von Linné, allerdings unlogisch, und so drehte Celsius bald darauf seine Skala einfach um. So kennen wir sie heute noch.

museum. Das Museum liegt im botanischen Garten der Uni im ehemaligen Haus des Präfekten. Wer sich weiter für den Mann interessiert, der die botanische Klassifizierung erfand, kann in Hammarby, 10 km südöstlich, das Gut besichtigen, auf dem Linné seit 1769 seine wissenschaftliche Sammlung katastrophensicher aufbewahrte (Mora Stenar, Str. 77). Am Aquapark Fyrishov, 2 km nördlich vom Zentrum in der Idrottsgatan, liegt der Fyrishov Campingplatz.

Man verlässt Uppsala in nördlicher Richtung auf der E 4, die einen mehr oder weniger breit ausgebaut, nach **16** **Gävle** leitet, wo man nach der Gemeindegrenze wieder auf die Ostsee trifft. Auch diese Stadt ist wegen ihrer vielen Holzhäuser in der Vergangenheit abgebrannt und dann mit einem schachbrettartigen Straßennetz wieder aufgebaut worden. Ein Teil der Altstadt, Gamla Gefle, ist noch erhalten und zu besichtigen. Am Hafen stehen einige alte Speicherhäuser, die aus Stein gebaut wurden. Außerdem gibt es ein Forst- und ein Eisenbahnmuseum zu besichtigen. 11 km nordöstlich am Meer liegt Engesbergs Camping. Ein Abzweig führt nach 10 km zum Fischerdorf **17** **Bönan,** in dem es im alten Leuchtturm ein Lotsenmuseum gibt. Vorher passiert

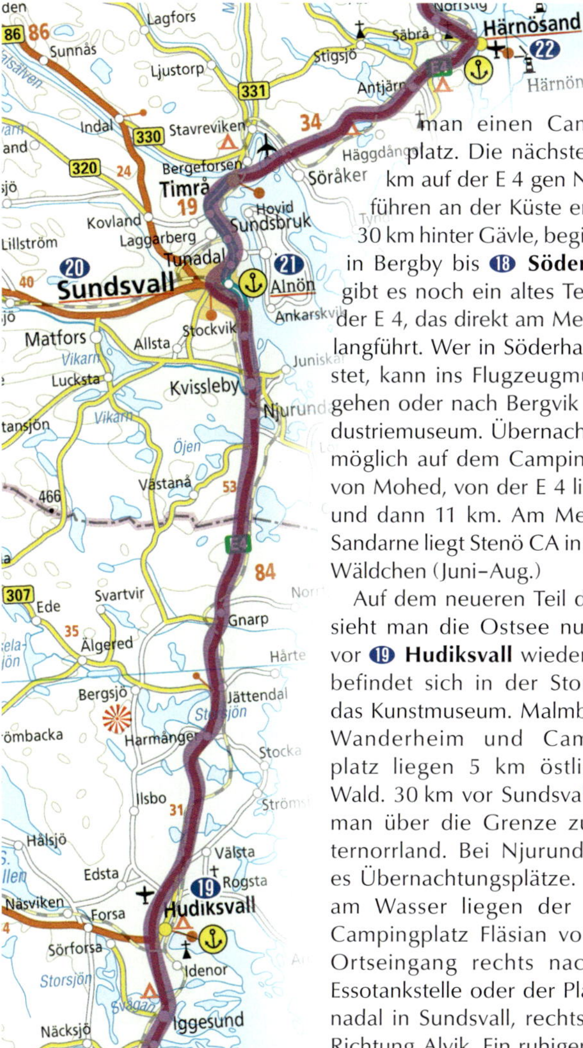

man einen Campingplatz. Die nächsten 200 km auf der E 4 gen Norden führen an der Küste entlang. 30 km hinter Gävle, beginnend in Bergby bis **18 Söderhamn** gibt es noch ein altes Teilstück der E 4, das direkt am Meer entlangführt. Wer in Söderhamn rastet, kann ins Flugzeugmuseum gehen oder nach Bergvik ins Industriemuseum. Übernachten ist möglich auf dem Campingplatz von Mohed, von der E 4 links ab und dann 11 km. Am Meer bei Sandarne liegt Stenö CA in einem Wäldchen (Juni–Aug.)

Auf dem neueren Teil der E 4 sieht man die Ostsee nur kurz vor **19 Hudiksvall** wieder. Dort befindet sich in der Storgatan das Kunstmuseum. Malmbadens Wanderheim und Campingplatz liegen 5 km östlich im Wald. 30 km vor Sundsvall fährt man über die Grenze zu Västernorrland. Bei Njurunda gibt es Übernachtungsplätze. Direkt am Wasser liegen der große Campingplatz Fläsian vor dem Ortseingang rechts nach der Essotankstelle oder der Platz Tunadal in Sundsvall, rechts ab in Richtung Alvik. Ein ruhiger Cam-

▲ *Unterwegs zur Insel Alnön*

pingplatz ist 5 km hinter der Ortsgrenze, an der Straße 86 Richtung Bispfors, oder der Platz Timrå an der E 4 15 km nach Norden.

⑳ **Sundsvall** liegt zwischen den Bergen mit Blick aufs Meer. Sie hat 100.000 Einwohner und ist geprägt durch die Holzindustrie. Hier wurden gewaltige Mengen von Stämmen die Flüsse hinabgeflößt und zu den Sägewerken gebracht. Wegen der ganzen Brände entstand Ende des 19. Jh. die Steinstadt mit ihren Handwerkerpalästen, den großen Villen ähnlichen Häusern, die entlang der Storgatan liegen.

Dazu muss man von der E 4 links Richtung Västermalm abbiegen und sich am Zentrum vorbei am Flussufer entlang westlich halten. Über eine Brücke im Norden kommt man zur Insel ㉑ **Alnön.** Auf der „Elvira Madigan" kann man das beliebte Ausflugsziel umschiffen.

50 km nördlich liegt ㉒ **Härnösand,** ein alter Bischofssitz mit Strandbädern und alten Holzhäusern. Hier gibt es schöne Plätze am Wasser, im Ort selbst rechts ab oder die E 4 nach Norden, Abzweig Älandsbro, wo die Straße 198 zum Fähranleger nach Henso führt.

Danach bildet die Ostsee eine große Bucht, die tief ins Land hineinreicht. Hier fließt der Angermanelv ins Meer, der der Gegend den Namen gab. Der Fluss wird auf der E 4 vor Ramvik und ㉓ **Lunde** über die Höga-Kusten-Brücke passiert, die hinter Utansjö über eine schmale

Stelle führt. Nach der Brücke sind es 22 km bis Skog. Hier liegt am Storsjö der kleine CA Storsjö Stugby.

Bis Umeå sind es 200 km. Hinter Sundbron, ungefähr 27 km nach der Brücke von Lunde, liegt rechts eine Aussichtsstelle an der Straße, mit Blick über den Ullångerfjord. **24** **Örnsköldsvik** hat zwar 15.000 Einwohner, ist aber nur als Industriestadt wichtig. Wer dennoch in die Stadt will, biegt am Kreisverkehr von der E 4 ab. 5 km südlich liegt Gene Fornby, wo man das Leben in der Eisenzeit anschauen kann. Hinter der Grenze zum Västerbottens Län gibt es den Campingplatz Havsbad am Meer. Wer vor Umeå noch übernachten will, biegt in Sörmjöle, 85 km nach Örnsköldsvik, 15 km vor Umeå rechts zum Meer und gelangt bald zum Bettnesand Bade- und Campingplatz am Strand.

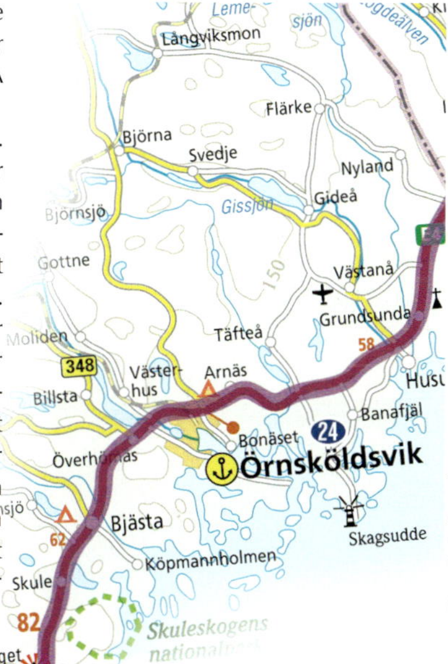

25 **Umeå** ist die Hauptstadt der Provinz Västerbotten. Ende des 19. Jahrhunderts wurde die ganze Stadt durch Feuer vernichtet. Anschließend baute man sie mit breiteren Straßen wieder auf, die an den Seiten mit Birken bepflanzt wurden. Die Kapelle Elisabeth von Holmön wurde aus dem Holz gestrandeter Schiffe erbaut. Es gibt eine Fährverbindung zum finnischen Vaasa. Als Übernachtung bietet sich der Umeå CA an der E 4 Nord (keine Camping Card) oder der ganzjährig geöffnete First Camp am Nydalssee an. Er hat 380 Plätze.

Über die nächste Etappe bis Skellefteå gibt es wenig zu sagen, außer dass sie 135 km lang ist und bei ㉖ **Bygdeå,** 50 km nach Umeå,

033nk Abb.: fh

◀ *Im Hinterland liegen einige Seen*

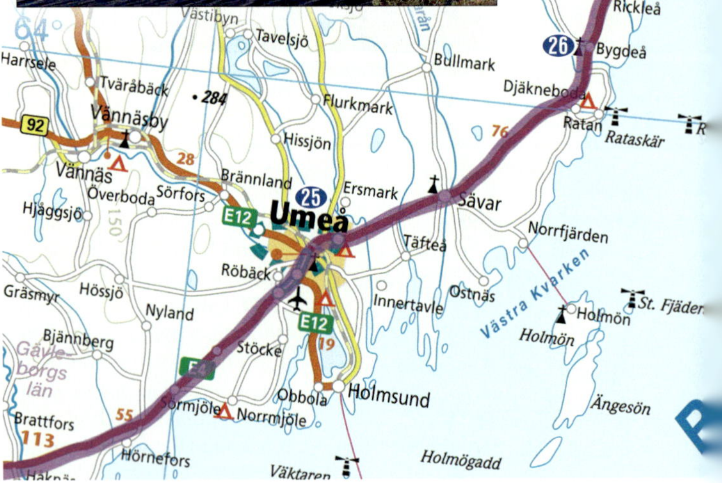

wieder Ausblicke auf die Ostsee gestattet. Hinter 27 **Lövånger,** wo man eine Kirche aus dem Mittelalter mit freistehendem Turm besichtigen kann, liegen zwei Rastplätze an der Straße, am zweiten kann man Hütten mieten.

Kurz vor Skellefteå rechts ab, führt die Straße nach 5 km ans Meer. Vorher fährt man durch die Siedlung 28 **Bureå.** In Bureå gibt es außer Sägewerken noch ein Seefahrtsmuseum.

Obwohl der Ort 29 **Skellefteå** schon im 14. Jh. erstmals urkundlich in Kirchenbüchern erwähnt wurde, bekam er erst 1845 die Stadtrechte verliehen. Die Stadt wurde durch Handwerker und Kaufleute seit dem Mittelalter bewohnt und vergrößert. Die Holzbrücke Lejonströmsbron errichteten Bauern Anfang des 18. Jh. und sie steht noch heute. Um die Kirche aus dem 15. Jh. stehen viele kleine Häuschen, in denen reisende Gläubige bei Kirchenfeiern un-

tergebracht wurden. Mit der alten Seilbahn des Erzbergwerkes kann man 12 km von Örträsk nach Mensträsk fahren (Rückfahrt mit dem Bus). Von Skellefteå sind es 80 km bis nach Piteå in der Provinz Norrbotten.

Übernachten kann man auf dem ganzjährig geöffneten Stadtcampingplatz am Ortsausgang oder 29 km die E 4 weiter auf dem Campingplatz von 30 **Byske.** Er liegt an einer Flussmündung und ist nur durch den feinsandigen Strand von der Ostsee getrennt. Der Platz ist nur im Sommer, wenn die Sonne nicht untergeht, geöffnet. Er hat 500 Einstellplätze, ein Café, eine Entsorgungseinrichtung für Wohnmobile und Quick-Stop-Plätze. Die achteckige Kirche mit dem hölzernen Turm aus dem Ende des 19. Jh. diente den Seeleuten als Orientierungspunkt.

Übernachten in Lulea
Übernachten kann man auf dem gut ausgestatteten ***Arcus Camping,*** *zehn Autominuten von Luleå, an der Messehalle, schwimmen kann man im beheizten Becken des Arcusbades. Individualisten können sich in Boden (Str. 97) in eine Baumhütte einmieten: www.treehotel.se.*

(31) **Piteå** hat 12.000 Einwohner und ist das Zentrum der Holzindustrie. 10 km hinter dem Ort bei (32) **Norrfjärden** liegt ein schöner Rastplatz am Meer. Danach kann man rechts auf die Halbinsel zu zwei Campingplätzen mit Bademöglichkeit fahren (Ladviken und Borgaruddens). Rastplätze gibt es bei (33) **Ersnäs,** 15 km vor Luleå.

(34) **Luleå** liegt an der Mündung des Luleälv. Das Norrbotten-Museum zeigt eine Ausstellung über das Leben der Samí. 30 km landeinwärts liegt das wegen seines Bahnhofes wichtige Boden. Folgt man weiter der E 4, wird nach ca. 180 km in Haparanda die finnische Grenze erreicht. Unterwegs gibt es einen Rastplatz bei (35) **Töre,** die Überquerung des Flusses Kalixälv bei (36) **Kalix** und einen Rastplatz vor (37) **Nikkala.** Der Ort ist seit 1945 der Tiefseehafen von Haparanda.

38 **Haparanda** (4500 Einwohner) ist der einzige Ort in Schweden, in dem mit Euro bezahlt werden kann. Haparanda und das finnische **33** **Tornio** bilden sozusagen ein eigenes Staatenbündnis. Beide Teile verbindet eine 500 m lange Brückenkonstruktion über den Torneälven (Torniojoki auf Finnisch).

Haparanda bekam 1842 die Stadtrechte verliehen und hat etwa halb so viele Einwohner wie die Stadt auf der finnischen Seite des Grenzflusses Torneälven.

Haparanda ist geschäftiger, mit Hafen- und Industrieanlage. Früher war hier ein wichtiger Bahnhof, an dem die Gefangenen mit dem damaligen Ostblock ausgetauscht wurden. Deswegen gibt es bei den Schienen auch zwei verschiedene Spurweiten. Die führende Eisenbahnnation England wählte für die Dampfloks die Spurweite ihrer Postkutschen: 5" zwischen den Radmitten, abzüglich 2 Abstände zu den Radinnenseiten, auf metrisches Maß umgerechnet = 143,5 cm. Dies Maß wurde zur Norm-Spurweite vieler europäischer Eisenbahnen. Russland hatte eine breitere Spur von 152,4 cm. Da Finnland zum Zarenreich gehörte, gab es hier brei-

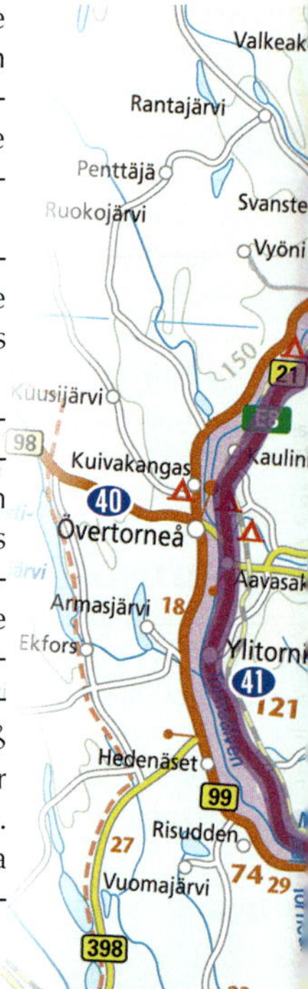

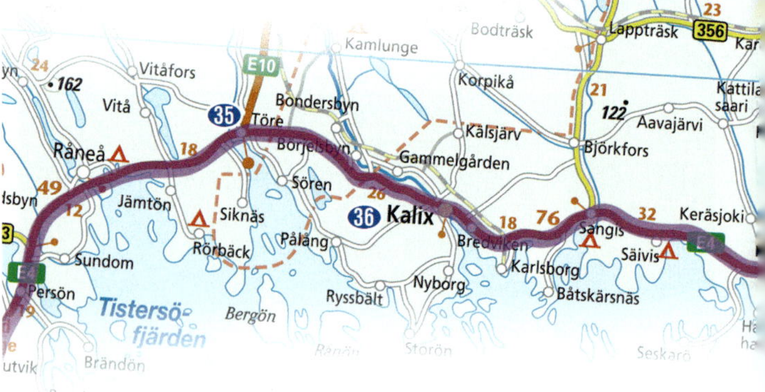

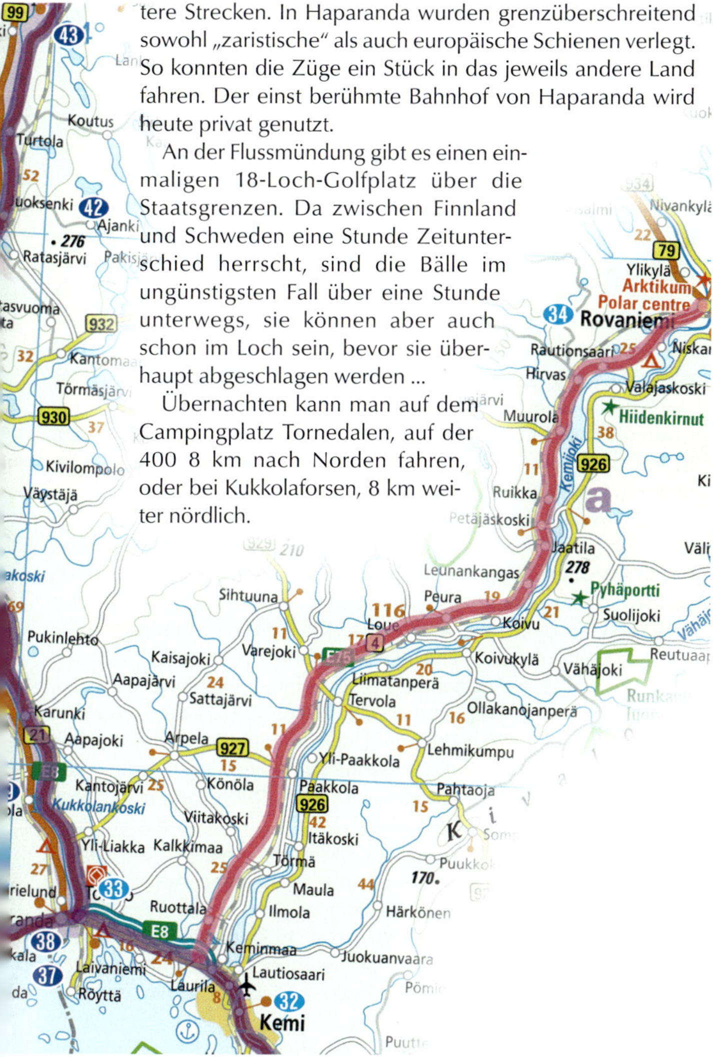

tere Strecken. In Haparanda wurden grenzüberschreitend sowohl „zaristische" als auch europäische Schienen verlegt. So konnten die Züge ein Stück in das jeweils andere Land fahren. Der einst berühmte Bahnhof von Haparanda wird heute privat genutzt.

An der Flussmündung gibt es einen einmaligen 18-Loch-Golfplatz über die Staatsgrenzen. Da zwischen Finnland und Schweden eine Stunde Zeitunterschied herrscht, sind die Bälle im ungünstigsten Fall über eine Stunde unterwegs, sie können aber auch schon im Loch sein, bevor sie überhaupt abgeschlagen werden ...

Übernachten kann man auf dem Campingplatz Tornedalen, auf der 400 8 km nach Norden fahren, oder bei Kukkolaforsen, 8 km weiter nördlich.

Nun kann man das gastliche Schweden verlassen und fährt in dem nicht weniger gastfreundlichen Finnland weiter. Von Tornio führt die E 8 an der Grenze entlang gerade nach Norden. Berühmt sind die Stromschnellen von Kukkola 12 km flussaufwärts. Die gesamte Strecke von Helsingborg bis hier hin beträgt 1595 Kilometer.

Haparanda/Tornio – Alta (500 km)

33 **Tornio** in Finnland wurde schon im 17. Jh. gegründet und ist heute mit der schwedischen Stadt 38 Haparanda verwachsen. Nach dem EU-Beitritt beider Länder verstärkte sich dieses Zusammenwachsen noch. Tornio hat etwa 24.000 Einwohner, Haparanda 11.000. Die beiden Städte haben eine 500 m lange Brückenverbindung. Vom Wasserturm-Café in Tornio kann man die Stadt überblicken. Pentik-Keramik betreibt einen Laden in der Hallituskatu. Bierfreunde kennen die **Brauerei Lapin Kulta** in der Lapinkullankatu 1. Mitte August kann man den historischen Markt besuchen in den kleinen Gassen um Årströmkartano, Rajakartano und die Uferstraße Rantakatu herum.

Der Grenzfluss in Haparanda ist der Torneälven, in Tornio auf Finnisch nennt man ihn Tornionjoki. Wer sich von hier nach Norden aufmacht, wird ihm eine ganze Zeit folgen. Er entspringt dem Torneträsk, einem langgestreckten See, der nördlich von Kiruna liegt. Auf der schwedischen Seite benutzt man die Straße 400 bis Muodoslompolo und wechselt dann nach Muonio in Finnland.

In Finnland fährt man auf der E 8/21 immer in Richtung Kilpisjärvi. Das Flusstal ist äußerst fruchtbar und wird besonders dort, wo es die Grenze zwischen Schweden und Finnland bildet, landwirtschaftlich stark genutzt (hier wachsen im Sommer viele Erdbeeren). Früher gab es im Fluss Lachse, aber seitdem man in den 1960er Jahren Staudämme zur Stromerzeugung gebaut hat, fehlt den Fischen die Möglichkeit, den Fluss aufwärts zu wandern. So sind sie verschwunden, genau wie die Holzflößer, die 1971 ihr Handwerk einstellen mussten.

Neuerdings wird auch die zunehmende industrielle Verschmutzung des Flusses beklagt. Allerdings ist sie noch nicht mit Zuständen in Mitteleuropa zu vergleichen, der Fischreichtum ist immer noch sehr groß. In 39 **Kukkola** (FIN), 16 km nördlich von Tornio wird jährlich im Juli sogar ein „Felchen-Festival" (Fischart) gefeiert, mit Wettkämpfen zu Wasser und zu Land. Von abenteuerlichen Stegen und

Bretterkonstruktionen wird hier ausgiebig mit Angeln und Keschern gefischt. Zum Übernachten bietet sich das Rasthaus Myllyn Pirtti unweit der Wasserfälle an, dass Stellplätze vermietet. Die Stromschnellen überwinden einen Höhenunterschied von 14 Metern auf einer Länge von dreieinhalb Kilometern.

Im Juli sollte man also auf der finnischen Seite gen Norden reisen. Das Gleiche gilt für die Mittsommernacht, zu der sich alle Leute der Umgebung zu einem Fest auf dem 222 m hohen Aavasaksa (FIN) treffen, der auf der Höhe von 40 **Övertorneå** (S) auf finnischer Seite liegt. Mit dem Wohnmobil kann man links am Fuß des Gipfels parken Der Platz verfügt nicht über Toiletten, ist aber gut für eine Wanderung oder Rast.

Man erreicht den Berg auch von Schweden, in Övertorneå führt eine Brücke über den Fluss. Auf ihr kommt man nach 41 **Ylitornio** auf der finnischen Seite.

Auf dem Marktplatz von Ylitornio steht das Denkmal des Schriftstellers Väinö Kataja. Es gibt ein Schulmuseum und das Väinö-Kataja-Museum.

▼ *Blick vom Berg Aavasaksa, der sich zum Wandern und Rasten eignet*

035nk Abb.: fh

Schon früher wurden die wichtigen Gäste zum Aavasaksa geführt, für den Zar wurde 1882 extra eine Jagdhütte mit Aussichtsturm errichtet. Übernachtung für Womos auf dem Parkplatz möglich.

Övertorneå hieß eigentlich Matarengi; nach dem Bau der Bahnlinie wurde die Stadt umgetauft. Wegen ihrer geschützten Lage in einem flachen Tal wachsen hier sogar Tomaten und Blumenkohl. Laut Statistik ist es die gesündeste Gemeinde des Landes, was Ökoprojekte anzog und ihr auch das Attribut „Ökogemeinde" einbrachte. Eine Übernachtungsmöglichkeit gibt es auf der „Turistanläggning" im Ort.

Obwohl die Landschaft auf beiden Seiten des Flusses gleich schön ist, stört auf der schwedischen Seite die Eisenbahnlinie, die bis Pello teilweise zwischen Straße und Fluss angelegt wurde. Auf der finnischen Seite verläuft eine Bahnlinie bis 20 km hinter Kolari ebenfalls zwischen Fluss und Straße.

Von Tornio bis **42** **Juoksenki** sind es 96 km, hier überschreitet man den Polarkreis. Es gibt den obligatorischen Kiosk mit Urkunde und Sonderstempel. Außerdem befindet sich hier ein sehr guter Parkplatz für Wohnmobile mit Cafeteria.

43 **Pello** (FIN) begrüßt alljährlich seine schwedischen Nachbarn mit einem besonderen Fest. Wer nämlich einen Partner aus dem Nachbarland heiraten möchte, kann dies hier tun. Die Trauung findet auf einem Floß auf der Mitte des Flusses statt. Jedes Jahr kommen so etwa 20 Paare zusammen um sich bei dem anschließenden Fest feiern zu lassen. Wer auf der finnischen Seite fährt und Zeit hat, sollte in Pello die Hauptstraße verlassen und der landschaftlich sehr schönen Uferstraße weiter flussaufwärts folgen. Auf ihr kommt man auch nach **44** **Kolari,** es dauert etwas länger, ist aber schöner. 8 km vor Pello befindet sich ein schöner Parkplatz. Wer in Pello vor der Brücke links fährt kommt zu einem Campingplatz am Wasser. Der Fluss macht hier eine Biegung, in der Mitte liegt eine Insel, die zu Schweden gehört.

Auf schwedischer Seite verläuft die Straße bis **45** **Pajala** genau am Flussufer, jetzt ohne Eisenbahn. Durch den Roman „Populärmusik aus Vittula" ist der Ort

Übernachten in Pajala

*Unterkünfte gibt es beim **Pajala Camping** am Südende, 1,5 km außerhalb, am Torneälv gelegen, 30 Hütten, bewaldet, und bei **Logen Camping,** Kirunavägen 4, in Junusuando, Tel. (0)978 30160, die Straße 395 von Pajala.*

vielen Europäern ein Begriff. Es gibt ein beheiztes Freibad und auch eine Badeinsel im Torneälv. Im 17. Jh. erlangte die Stadt lokale Wichtigkeit, weil in der Nähe, im damals finnischen Kengis, Eisenerz gefunden wurde. Es entstanden kleine Metallbetriebe, die ihre Erzeugnisse auf dem alljährlichen Markt den Samen aus Norwegen, Finnland und Russland verkauften. Seit 1909 erinnert ein Markt am Sonntag nach der Sonnenwende an diese Zeiten. Die angeblich größte Sonnenuhr der Welt ist hier auch zu bestaunen.

Vor Pajala bei Kengis fließt der Muoniojoki in den Torneälv. Am Ortseingang von Pajala kann man über eine Brücke den Torneälv überqueren und dann auf der Stra-

Ausflug nach Tärendö/ Junosuando

Hier gibt es eine seltene ↗ ***Bifurkation*** *dreier Flüsse zu sehen. Ab Pajala fährt man dazu auf der 395 30 Kilometer bis Anttis, dort rechts ab auf die 397 nach Tärendö. Die Bifurkation liegt vor dem Ort rechts.*

Bifurkation

Das ist eine sehr seltene natürliche Verbindung zwischen zwei Flüssen. Die Wasser des Torneälv fließen zur Hälfte über den Tärendöälv in den Kalixälv ab. So etwas gibt es auch noch einmal in Deutschland (Niedersachsen bei Melle/Gesmold), allerdings völlig unspektakulär auf einer Wiese.

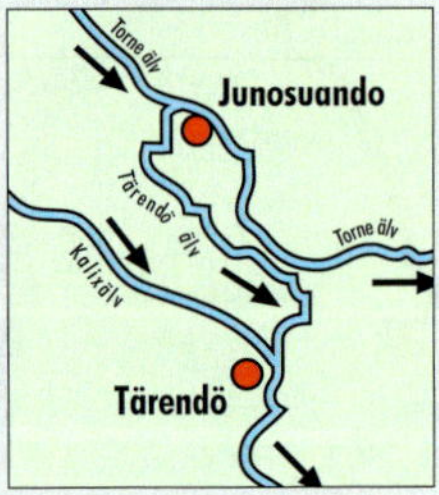

ße 403 nach Kolari fahren. Hier gibt es eine Brücke über den Muoniojoki und nach 35 km Fahrt auf der gut ausgebauten E 8/21 ist man in **46 Muonio.** Man erreicht von hier ostwärts das bekannte Wintersport- und Wandergebiet um den 718 Meter hohen Berg Ylläs mit den Dörfern Äkäslompolo an der Nordseite und Ylläsjärvi an der Südseite.

Alternativ kann man auch ab Pajala nach Norden vorstoßen, hier führt die Straße 400 entlang des Flusses weiter nach **47 Muodoslompolo,** dem schwedischen Gegenstück zu Muonio. Hier sollte man dann nach Finnland wechseln.

Von Kolari bis Muonio sind es noch 81 km. Muonio ist ein wichtiger Verkehrsknotenpunkt an der Grenze. Hier treffen die E 8 von Tornio nach Kilpisjärvi und die 79 von Kittilä aufeinander, außerdem gibt es besagte Brücke über den Muoniojoki nach Schweden. Der Ort ist weitläufig angelegt, bietet aber bis auf die Stromschnellen des Flusses nichts Aufregendes. Hier finden alljährlich große Kanu-Wettbewerbe statt. Die Äijäukoski genannten Schnellen sind die schwierigsten des ganzen Muoniojokis. Wer es versuchen will, kann Kanus leihen.

Die Kunstgalerie Veli Koljonen, am Särkijärvi, bietet Souvenirs örtlicher Künstler. Kotikäsityö Tiuhta, Torassiepintie 255, ist auf Handarbeiten spezialisiert.

Der Pallas-Ounas-Tunturi-Nationalpark um die Pallasberge ist als Wandergebiet und auch als Wintersportregion beliebt. 32 km fährt man von Muonio bis zur Turiststation, Tel. (0)20 5647930 (Mitternachtssonnen-Aussichtsplatz). Das Gebiet ist einer der schönsten Naturparks in Finnland. Viele gut ausgebaute Wanderwege locken den Naturfreund, Karten und Infos bekommt man in der Turiststation. Wer keine Lust zum Wandern hat, kann auf einer Straße durch den Park fahren. Von Muonio 12 km auf der 79 bis **48 Särkijärvi,** dann links ab auf die Rv. 957-3 bis **49 Raattama.** Eine herrliche Strecke, Camping und Feuermachen ist allerdings hier verboten (Nationalpark!). Wer trotzdem übernachten will:

Übernachten in der Gegend von Muonio

Übernachten kann man auf dem Hotel-Campingplatz Olostunturi an der 79 Richtung Rovaniemi zwischen km 6 und 7, ganzjährig. Komfortabler ist das Hotel Jeris, Jerisjärventie 91, Tel. 16 558511, Bar mit offenem Kamin und Café; preiswerter das Hostel Meän koulu, Ylimuonio, Tel. 16 520113.

Hütten vermietet Ounasrantasche Hüttenvermietung, Tel. (0)16 659414, in Tepasto.

Wer sich auf der schwedischen Seite nordwärts bewegt, hat von Muodoslompolo aus die vorletzte Möglichkeit, nach Finnland zu wechseln. Die letzte ist dann erst in Karesuando. Hier endet die 400. Die Straße 45 auf schwedischer Seite führt nach Süden, Richtung Gällivare und Kiruna.

In 50 **Karesuando** (samisch: Gárrasavvon) kann man über eine Brücke nach 51 **Kaaresuvanto** in Finnland kommen. Der Ort nennt sich jetzt Eurosuando. Auf der E8/21 geht es ein Stück zurück nach 52 **Palojoensuu** zur 93. Karesuando Camping südlich an der Straße nach Pajala, Juni–Sept.

Übernachten in der Gegend um Enontekiö

Übernachten kann man im Fjällzentrum Galdotieva, am See Palojärvi (Hütten, Camping, Café) oder im ähnlich ausgestatteten Feriendorf Enontekiö. Laeri-Kenttä-Camping liegt in Hetta, am Abzweig der 958 nach Kautokeino, und Gullstenin Majat Camping, der ganzjährig geöffnet ist, liegt 100 m nach der ESSO-Station Richtung Zentrum.

Seit Tornio/Haparanda hat die Straße jetzt 230 m an Höhe gewonnen. Der Bewuchs wird spärlicher, aber es gibt immer noch Wälder mit Blaubeerfeldern darunter. Dass man sich mittlerweile tief in Lappland befindet, merkt man daran, dass häufiger Menschen mit Trachten zu sehen sind. Besonders in Hetta bzw. Enontekiö (an der 958), kann man viele des Sonntags beim Kirchgang sehen. Wer auf schnellstem Wege zum Nordkap will, muss die E 8 etwa 50 km hinter 46 **Muonio** in Richtung 53 **Enontekiö/Hetta** verlassen und fährt dann ziemlich genau nach Norden auf 59 **Alta** (N) zu. Man kann die gut 450 km, wenn man sich überhaupt keine Zeit lässt, in einem Tag schaffen. Wer aber unterwegs etwas sehen will, sollte sich ein wenig mehr Zeit nehmen. Hetta wird auch nach der Gemeinde Enontekiö genannt. Es ist Kirchdorf der Kommune und wird fast ausschließlich von Samen bewohnt.

Bis Alta sind es ab Hetta ca. 210 km. Der höchste Punkt beträgt 641 m ü. d. M. Es gibt auf der Strecke kaum Menschen, wenig Verkehr, Tundra, Hügel - sonst nichts.

Bis Kautokeino, dem Samenzentrum Nordnorwegens, sind es 79 km. Unterwegs hat man, sehr wahrscheinlich unbemerkt, die

Grenze zwischen Finnland und Norwegen überschritten. Der Grenzort ist 54 **Kivilompolo.** An der ganzen Grenze entlang, vom Dreiländereck bis zum Fluss Tana, steht ein 300 km langer Rentierzaun. Dass man sich hier wirklich im Lande der Samen befindet, lässt sich ab 55 **Kautokeino** nicht mehr leugnen. Kautokeino ist stolz darauf, mehr Rentiere als Menschen zu beherbergen und es gibt sogar eine Berufsschule, die nur von Samen besucht werden kann (Berufsziel: Rentierzüchter etc.). Seit frühester Zeit ist der Ort, Guovdageaidnu auf Samisch, ein Winterquartier der Samen. 1640 wurde das erste Haus errichtet, 1703 die erste Kirche. Während des Zweiten Weltkrieges wurde auch Kautokeino dem Erdboden gleichgemacht. Die Deutschen haben sogar versucht, die riesigen Rentierherden abzuschlachten.

Übernachten in Kautokeino

Der ganzjährig geöffnete Campingplatz mit angeschlossenem Motel ist direkt am Rv. 93 auf der Ostseite des Flusses, das Kautokeino Villmarksenter an der Hannoluohka 2 hat 17 Zimmer.

Der sehr große Berit Hættas Camping liegt etwas südlich des Zentrums neben dem Arctic Motell og Camping.

Das Museum Kautokeino Bygdetun/Guoydageainnu Gilisilju zeigt samische Geschichte und präsentiert alte Werkzeuge. Das Freilichtmuseum besteht aus ein paar geschützten Gebäuden, es liegt mitten im Ort, östlich der Touristinfo. Das beachtenswerte Kulturhaus wurde vom samischen Architekten Åge Gaup gestaltet. Sehenswert ist auch Juhls' Silberschmiede. Das Haus, von den Juhls selbst entworfen und innerhalb von 20 Jahren selbst gebaut, ist beachtlich. Das Innere – Werkstatt, Ausstellungsraum, Galerie, Museum, Wohnung und Cafeteria in einem – strahlt eine gemütliche Atmosphäre aus.

Frank Juhls arbeitete als Maler und hatte sich mit seiner Frau Regine einen Jugendtraum erfüllt und ein Stück Land von den Samen erworben. Seine praktischen Fähigkeiten blieben den Einwohnern nicht verborgen und so brachten sie ihm ihren alten Familienschmuck zum Reparieren, was er dann tat, teilweise gegen Naturalien. Dadurch kam eine schöne Sammlung von Gegenständen des samischen Kunsthandwerks, Schlitten und Hausrat zusammen. Regine Juhls begann nach einer Ausbildung zur Silberschmiedin, Schmuck nach alter Tradition selbst herzustellen.

Kaum ist man aus Kautokeino wieder heraus, geht es weiter mit der Einsamkeit. Bis zum Altafjord wird sich nichts Aufregendes mehr ereignen, es sei denn, es geht einem das Benzin aus. Die Landschaft ist toll, es geht durch Flusstäler, die reinsten Angelparadiese. Im Sommer gibt es allerdings auch zahllose Mückenschwärme.

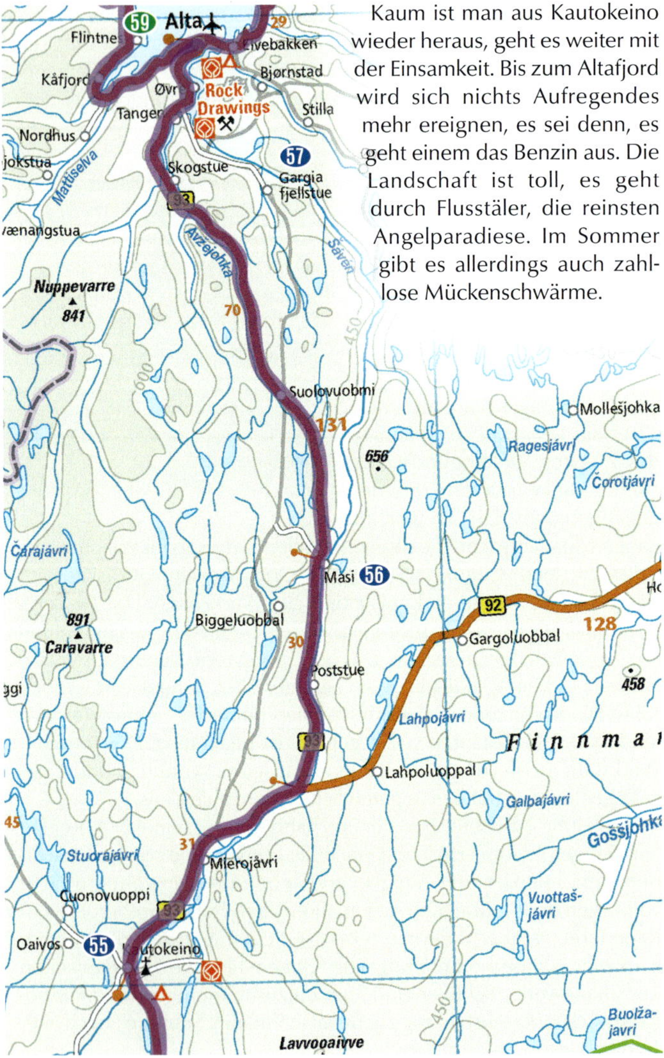

30 km hinter Kautokeino zweigt rechts die Straße 92 nach Karasjok ab, über die man durch Lakselv und Russenes auch zum Nordkap kommt. Auf der 93 kommt nach 10 km rechts der Wasserfall Nieidagorši und nach weiteren 20 km das Samendorf 56 **Masi,** das für den Alta-Stausee überflutet werden sollte. Das Restaurant vermietet Hütten (260 NOK).

Die bis dahin eher öde, leicht hügelige Landschaft wird nun zunehmend schroffer. Es gibt auch Seen und Wasserfälle an der Straße. Der Weg, der 50 km vor Alta nach Südosten abzweigt, ist für Autos gesperrt. Man kann nur bis zur 57 **Gargia fjellstue** fahren. Von der Gargia-Fjellstue kann man den Sautso-Canyon, den größten Canyon Europas, erreichen. Es sind 12 km, von denen nur 5 mit dem Pkw befahren werden können. Das „Loch" ist übrigens über 350 m tief. 1981 begann der Bau eines Staudamms, den Umweltschützer und Samen vergeblich zu verhindern versuchten. Immerhin wurde der Damm kleiner als geplant. Kurze Zeit später erreicht man nach einer Fahrt in Serpentinen abwärts die baumbestandene Gegend bei 59 **Alta** am Altafjord, wo der Weg auf die E 6 trifft, auf der man rechts ab zum Nordkap fährt.

Weiterreise

siehe Kapitel „Gemeinsame Strecke in Norwegen zum Nordkap".

038nk Abb.: Frithjof Fure/IN

Gemeinsame Strecke in
Norwegen zum Nordkap

Alta – Skaidi – Olderfjord (100 km)

Von 59 **Alta** führt die E 6 mit unendlichem Ausblick über die kahle Hochebene Sennaland in Richtung 1 **Skaidi** vorbei an Lagern der Samen und Rentier-Weiden. Die Straße verläuft auf einem hochgelegenen Wall, damit der Schnee vom Wind heruntergeweht wird. Von Skaidi kann man einen Abstecher nach 2 **Hammerfest,** der „nördlichsten Stadt der Welt" unternehmen (Camping NAF-Storvannet, leider hinter Wohnblock, oder 2 km südlich an der 94 bei der Tankstelle), oder man bleibt auf der E 6 Richtung Norden. Von Skaidi zum **Porsangerfjord** sind es knapp 25 km, nach Hammerfest hin und zurück ca. 120 km.

Olderfjord – Russenes – Repvåg – Honningsvåg (130 km)

Die E 69 zum Kap zweigt in 3 **Olderfjord** von der E 6 ab. Gleich danach erreicht man 4 **Russenes,** 65 km hinter Lakselv, 130 km bis zum Nordkap.

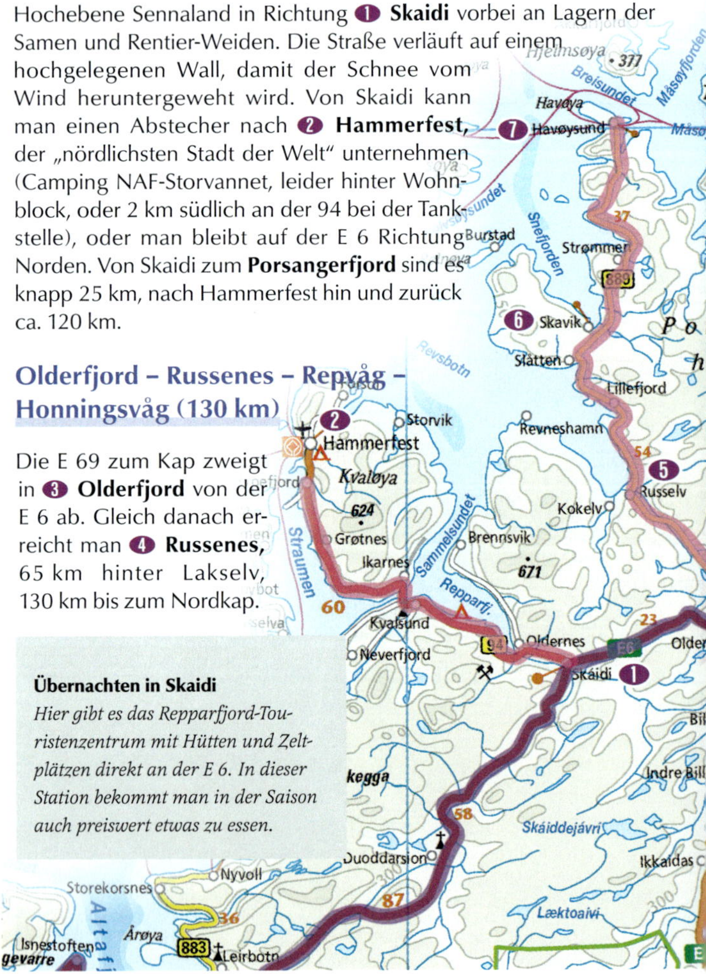

Übernachten in Skaidi

Hier gibt es das Repparfjord-Touristenzentrum mit Hütten und Zeltplätzen direkt an der E 6. In dieser Station bekommt man in der Saison auch preiswert etwas zu essen.

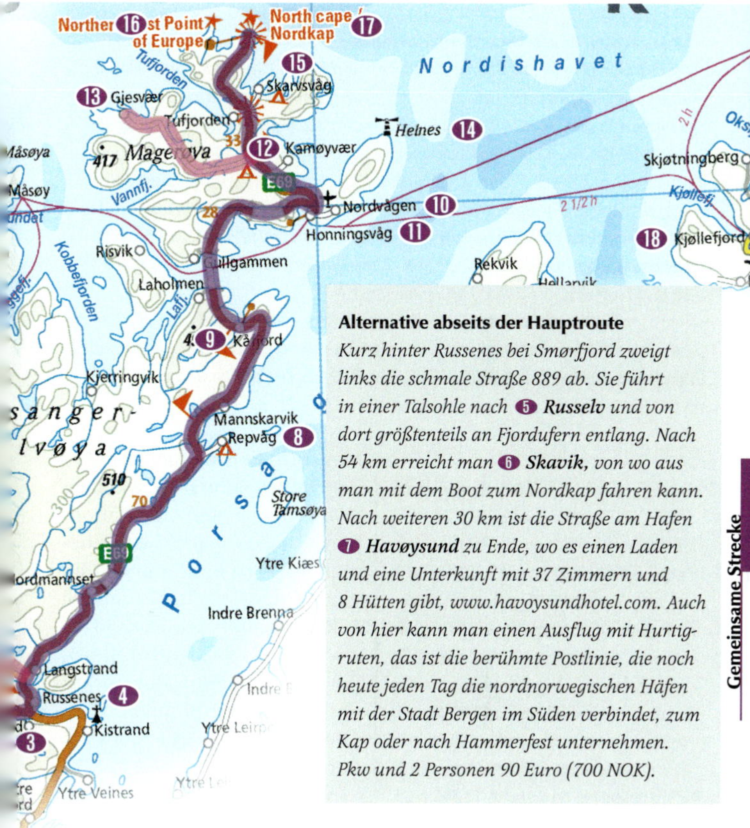

Alternative abseits der Hauptroute

Kurz hinter Russenes bei Smørfjord zweigt links die schmale Straße 889 ab. Sie führt in einer Talsohle nach ❺ ***Russelv*** *und von dort größtenteils an Fjordufern entlang. Nach 54 km erreicht man* ❻ ***Skavik,*** *von wo aus man mit dem Boot zum Nordkap fahren kann. Nach weiteren 30 km ist die Straße am Hafen* ❼ ***Havøysund*** *zu Ende, wo es einen Laden und eine Unterkunft mit 37 Zimmern und 8 Hütten gibt, www.havoysundhotel.com. Auch von hier kann man einen Ausflug mit Hurtigruten, das ist die berühmte Postlinie, die noch heute jeden Tag die nordnorwegischen Häfen mit der Stadt Bergen im Süden verbindet, zum Kap oder nach Hammerfest unternehmen. Pkw und 2 Personen 90 Euro (700 NOK).*

20 km nach Russenens kommt der **Skarvberg-Tunnel,** der 3 km lang ist und früher unbeleuchtet war. Das herabtropfende Wasser verursachte im Winter lange Eiszapfen, die beim Durchfahren abbrachen. Nach weiteren 7 km kommt der 500 m lange **Sortvig-Tunnel.** Die Straße in dieser Gegend wurde weiter an die Küste gelegt, um Schneeverwehungen zu verhindern, wie sie auf den Ebenen sonst entstehen.

Von der E 6 bei Russenes sind es 49 km bis ❽ **Repvåg.** Um den Ort zu besuchen, muss man von der E 69 auf eine Stichstraße ab-

Übernachten in ❸ Olderfjord/Russenes

Im Ort gibt es mehrere Übernachtungsmöglichkeiten. Das ***Olderfjord Hotell Russenes Camping AS,*** *(Tel. 78 463711, olderfj@online.no) liegt, von Büschen umgeben, an der E 69, einen halben Kilometer nach dem Abzweig von der E 6. Der Platz hat auch eine Bushaltestelle. In dem langgestreckten roten Gebäude gibt es einen kleinen Laden, eine Post und ein Restaurant mit Bar. Der Platz liegt direkt am Fjord, man kann sich ein Ruderboot ausleihen, um sich körperlich zu betätigen. Das Doppelzimmer im Hotel kostet mit Frühstück 610 NOK. Auf dem Gelände liegt eine Reihe von Campinghütten verstreut, Bettzeug kann gemietet werden, die 2-Bett-Hütten kosten 310 NOK.*

Der Campingbereich bietet 100 Stellplätze, er liegt direkt am Wasser. Das Auto, mit oder ohne Anhänger, oder das Wohnmobil kosten 100 NOK die Nacht, Motorräder mit Zelt zahlen 60 NOK. Der Platz ist oft ziemlich überlaufen.

Nordkap-Tunnel

Er ist fast 7 km lang und führt 200 Meter unter dem Eismeer nach Magerøya. Er ersetzt die Fährlinie, die Kåfjord mit der Nordkapinsel verband. Wegen schlechter Witterung im Winter lief die Fähre dann oft von Repvåg aus, das südlicher lag. Die Baukosten für den Tunnel betrugen 200 Mio. NOK, die mit dem Kassieren einer Mautgebühr wieder eingespielt werden müssen:

- *Fahrzeuge bis 6 m und 3,5 t 145 NOK*
- *Fahrzeuge bis 12,40 m und 3,5 t 460 NOK*
- *Motorräder 70 NOK*

biegen. In Repvåg fuhren früher die Nordkapfähren ab, wenn im Winter der Hafen von Kåfjord unpassierbar war. In der ehemaligen Fischannahmestelle gibt es das Repvåg Fjordhotell & Rorbusenter, Tel. 78475440, www.repvag-fjordhotell.no, mit gemütlichem Restaurant und einen Campingplatz, Tel. 78475431. Hier kann man auch Boote mieten.

Nach weiteren 25 km ist das Ende des Festlandes und die Nordkapinsel Magerøya – das Ziel – erreicht. Man erreicht sie nicht schwimmend, wie die Rentiere, sondern durch den ↗Nordkap-Tunnel.

Kurz vor dem Tunnel liegt der Hafenort ❾ **Kåfjord.** Von hier ging früher die Fähre nach Magerøya, die heute wegen des Tunnels nicht mehr benötigt wird. Im Juli findet in Kåfjord ein Sami-Musikfestival statt. Es heißt Riddu Riđđu, was „Sturm am Strand" bedeutet.

Magerøya

Überblick

Die Gemeinde Nordkapp mit ihren 3500 Einwohnern verteilt sich auf eine Fläche von Fläche 924 km². Zur Gemeinde Nordkapp gehören die Insel Magerøya und Teile des Festlandes auf beiden Seiten des Porsangerfjords. Die Verwaltung ist in Honningsvåg. Die Touristeninformation in Honningsvåg (Tel. 78 472599) ist vom 1.5. bis 31.8. geöffnet. Vom 14.5. bis 30.7. kann man in der Region die Mitternachtssonne erleben. Die größeren Fischerdörfer sind (10) **Nordvågen,** Kamøyvær, Skarsvåg, Gjesvær und Repvåg. Auf der Insel hat man Siedlungsspuren gefunden, die über 10.000 Jahre alt sind. Wenn im Oktober der erste Schnee fällt, ist die Straße ab Skarsvåg für Privatwagen gesperrt. Es gibt dann nur noch Buskolonnen, die von Schneepflügen geführt werden. Platzreservierung bei Nordkapp Reiseliv AS, Tel. 78 477030, www.northcape.no.

Trotz des denkbar unangenehmen Klimas ist Magerøya relativ dicht besiedelt. Es gibt immerhin sechs mit dem Auto zu erreichende Siedlungen, von denen einige einen Besuch wert sind.

▼ *Auf Magerøya wachsen keine Bäume*

042nk Abb.: fh

039nk Abb.: fh

▲ *Im Hafen von Honningsvåg machen viele Kreuzfahrtschiffe fest*

Honningsvåg

⓫ Honningsvåg ist laut einer Tafel am Ortseingang das „nördlichste Fischerdorf Europas". Der Hafen ist einer der bedeutendsten Nordnorwegens. Hier machen viele Kreuzfahrtschiffe fest. Am Hafenrand steht die Skulptur „Der Nordwind" – im Volksmund wird sie allerdings „Angelhaken" genannt.

Honningsvåg ist ein großer Ort, der fast senkrecht an den Felshang gebaut wurde. Man kann im Zickzack weit hinauffahren und hat von oben einen guten Blick auf den Hafen. Es gibt Souvenirgeschäfte, eine Touristeninformation und Unterkünfte. An der Touristeninformation gibt es das „Café Corner", wo man preiswert eine Kleinigkeit essen kann.

Recht angenehm ist ein Gang ins **Nordkapmuseum.** Hier gibt es unter anderem die Geschichte des Nordkaptourismus mit mehrsprachigen Erklärungen zu sehen. Deutsche Führungen werden auch angeboten. Außerdem gibt es einen Museumsshop und eine Cafeteria. Das Museum ist ganzjährig geöffnet, im Sommer 9–20 Uhr, sonst 11–16 Uhr.

Kobbholet

Fischerhütten, 2,5 km nach dem Tunnelausgang von der Straße nach Honningsvåg rechts ab.

Skipsfjord

Jugendherberge und Campingplatz (Nordkapp Camping) bei Honningsvåg. Völlig baumlos, daher gewöhnungsbedürftig.

Übernachten bei Honningsvåg

Der Naf-Camping Nordkapp liegt vom Ort 8 km in Richtung Nordkap. Wer in einer Hütte schlafen will: North Cape Cabins (Skolegt. 5, Tel. 78472794, www.northcapecabins.no) liegt an der Straße etwa 7,5 km von Honningsvåg Richtung Nordkap und verfügt über drei Hütten mit jeweils fünf Schlafplätzen, die im Sommer an Selbstversorger vermietet werden. Tolle Aussicht!

Kamøyvær

⓬ Das Fischerdorf mit Laden und Post hat 160 Einwohner und liegt 6 km rechts ab von der E 69. Hier kann man bei Lillemors Helsestue wohnen, Tel. 78475123, oder bei Máddjás Árran Nordkapp Gjestehus, Tel. 78475129, www.arran.as, das etwas teurer ist. Dafür ist die Anlage mit ihren blau gestrichenen Häuschen ganz reizvoll. Im Dugsfjordveien liegt die Galerie „East of the Sun". Es gibt auch die Möglichkeit bei den Fischern zu wohnen, Infos unter Tel. 78475150.

Gjesvær

⓭ 25 km von Honningsvåg links ab. Sehr schöne Strecke, schöner als die zum Nordkap. Recht großer Fischerort, malerischer Hafen, Supermarkt, Fischfabrik usw. Lohnt sich. Das Turistsenter bietet Touren über Magerøya, Fischzüge und Fahrten zum Gjesværstappan Naturreservat. Im Sommer täglich, www.birdsafari.com, Tel. 78475773.

Auch eine Fischerhütte kann man für rund 800 NOK mieten. Stappan Sjøprodukter veranstaltet Seehundsafaris und Vogeltouren, außerdem kann man hier auf der Terrasse des Ladens etwas Warmes zu essen bekommen.

Kjelvik

Im Zweiten Weltkrieg wurde dieser Ort von den deutschen Truppen zerstört. Er war einst ein wichtiger Hafen für die Fischerei. Der alte Friedhof ist noch erhalten. Heute finden sich hier hauptsächlich Ferienhäuschen.

Helnes

⑭ Bis zum Zweiten Weltkrieg war es ein Fischerdorf, heute ist nur noch der Leuchtturm dort, der 1948 wiedererrichtet wurde. Man kann von Honningsvåg dorthin wandern, 26 km hin und zurück.

Skarsvåg

⑮ Hier ist Endstation für Autofahrer im Winter, 5 km rechts von der Straße zum Kap, es ist der letzte Ort vor dem Nordkap, 140 Einwohner. Ein schöner Kletterpfad liegt hinter dem Ort am Fjordufer, der Start ist am Turistheim und Kirkeporten Camping mit gemütlichen Hütten und Café (Mai–Sept.), das Nordkapp turisthotell mit 30 Betten ist ebenfalls in diesen Monaten offen. Der Pfad ist markiert und dauert bis Kirkeporten-Felsen 15 Min. Von dort sieht man das Nordkap-Horn.

Das **Mini price Motellet,** Tel. 78475215, www.minimotellet.no, ist wirklich das preiswerteste auf Magerøya. Janne Hølund verkauft Keramik im Ort. Wer gegen die Wellen kämpfen will, kann sich auf dem Campingplatz auch ein Ruderboot ausleihen. „Großmutter Alma's Haus“ heißt das preisgekrönte Projekt, bei dem eins der alten Häuser originalgetreu rekonstruiert wurde und nun als Museum dient.

▼ *Blick auf die Insel Magerøya*

040nk Abb.: fh

Seit 2000 verkauft das „Weihnachtshaus“ Kunsthandwerk und Kaffee und Kuchen. Ein findiger Bewohner funktionierte damals sein Haus im Winter als Laden um.

Knivskjellodden

⓰ Kein Ort, sondern wirklich Europas nördlichster Punkt (71° 11‘ 08“). Allerdings liegt auch er auf der Insel Magerøya und nicht auf dem Festland. Markierter Wanderpfad von der E 69, Hin- und Rückweg insgesamt 18 km, etwa 4 Stunden lang durch sanfte Hügel und grüne Flächen. Der Weg startet auf dem Parkplatz auf der Westseite der E 69, 6 km vor dem Nordkap. Größtmögliche Aussicht von der Nordspitze des Kaps. Man kann seinen Namen in das Buch des Wandervereins eintragen und mit seiner laufenden Nummer im Verkehrsbüro später eine Urkunde kaufen (50 NOK).

Kirkeporten („Kirchenpforte“)

Dieser außergewöhnliche Felsen ist eine geologische Besonderheit: ein mehrere Meter breiter Felsvorsprung in Treppenform, der an der Seite eine runde Öffnung hat. Durch die ist die Mitternachtssonne zwischen 0 und 2 Uhr zu sehen. Man hat einen guten Blick zum Hornvik-Felsen. Nach Kirkeporten führt ein 2,5 km langer Pfad von Skarsvåg. Er fängt beim Campingplatz Kirkeporten in Skarsvåg oder beim Nordkaphotel an. Hin- und Rückweg insgesamt rund 45 Min.

Hornvik-Felsen

Ungefähr 2,5 km östlich vom Nordkap gelegen findet man Gebäude und einen Steg aus der Zeit des Zweiten Weltkrieges. Hier ist der alte Anlegeplatz der Touristenschiffe, bis 1956 die Nordkapstraße (die heutige E 69) eröffnet wurde. Heute noch kann man den beschwerlichen Weg über die Treppen von 1880 auf die Spitze des Felsens nehmen, die mit rund 1000 Stufen über 300 Meter nach oben führen. Der Felsen galt bei den Samen als heilig. Die örtliche Pflanzen- und Tierwelt wurde im Jahr 1929 unter Schutz gestellt. Zurzeit versucht man, die Gegend wieder für Reisende attraktiv zu machen.

Vogelfelsen Gjesværstappan

Eine Inselgruppe, aus fast 100 größeren und kleineren Inseln bestehend, wo sich eine der größten Papageientaucher-Kolonien Norwegens (ca. 600.000 brütende Paare) befindet. Der Papageientaucher befindet sich in Gesellschaft von anderen Seevögeln, darunter auch Basstölpel, Seeadler, Tordalke, Eiderenten, Kormorane, Eissturmvögel und Schmarotzerraubmöwen. Insgesamt brüten auf der Insel rund 3 Mio. Seevögel.

Storkamøya

Vogelkolonie, außerdem brüten hier Seeadler. Man kann mit den heimischen Fischern mitfahren.

Öffnungszeiten der Nordkaphallen

01.01.-30.04.	*12.30-14.00*
01.05.-31.05.	*11.00-15.00*
01.06.-31.08.	*11.00-01.00*
01.09.-15.10.	*11.00-15.00*
16.10.-31.12.	*12.30-14.00*

Nordkap

17 Das Nordkap, 71° 10′ 21″ geografischer Breite, gilt als der nördlichste Punkt Europas. Das stimmt nicht ganz, denn etwas weiter westlich liegt die Landspitze **Knivskjellodden** mit 71° 11′ 08″. Aber diese Stelle gibt touristisch nicht besonders viel her. Sie ist im Gegensatz zum Nordkap eine nur gerade aus dem Meer ragende Geröllhalde. 307 m steilabfallende Felswand, oben ein Plateau bilden die Nordkap-Klippe, die in vorchristlicher Zeit ein heiliger Ort der Saami war, er wurde als Wohnort der Götter verehrt.

Gekrönt wird das Nordkap (Infos beim Nordkapp Turistkontor, Tel. 784728) von der aus dicken Felsbrocken erbauten **Nordkappshallen,** einem großen Komplex mit verschiedenen Einrichtungen und Sehenswürdigkeiten, die zum Teil durch unterirdische Gänge zu erreichen sind (Tel. 78476860).

Um diesen ganzen Komplex zu betreten, muss man erst einmal 195 NOK pro Person bezahlen. Damit erkauft man sich das Recht, bis zu zwei Tagen am **Nordkap** oder in der Halle zu verweilen. Radler kommen mitunter umsonst in den Komplex, wenn sie sich früh auf den Weg machen.

Drinnen gibt es eine Cafeteria, ein Restaurant, die Grotten-Bar und einen Schnellimbiss, außerdem Souvenirs, Postkarten und ein Sonderpostamt (9–2 Uhr). Kürzlich war hier wieder die nördlichste Baustelle Europas. Der Komplex wurde erweitert und verschönert. In der ökumenischen **St.-Johannes-Kapelle** auf dem Gelände kann man sich sogar trauen lassen. Die dazu passende Hochzeits-Suite gibt es auch. Ansonsten kann man nur auf dem Parkplatz im Wohnmobil übernachten.

Es gibt einen thailändischen Tempel als Erinnerung an den Besuch des thailändischen Königs.

In der Halle steht auch eine Büste von Louis Philippe von Orléans (französischer König), der 1795 hier war.

Der nördlichste Festlandpunkt

Wer den definitiv ***nördlichsten Festlandpunkt Europas*** *sehen will (Nordkap und Knivskjellodden liegen ja auf einer Insel), kann von Honningsvåg mit Hurtigruten nach* ⓲ ***Kjøllefjord*** *übersetzen und erreicht dort die Straße 894. Kosten: Auto inkl. 2 Personen 600 NOK. In Kjøllefjord gibt es eine Unterkunft mit 50 Betten, das* ***Nordkyn Vertshus,*** *Tel. 78498151.*

Ein Madonnenbild aus Italien und eine Gedenkplatte für das deutsche Schlachtschiff Scharnhorst, das in der Gegend versenkt wurde, befinden sich in der Eingangshalle.

In der Halle gibt es auch ein Kino, das auf einer 180°-Panorama-Leinwand einen sehenswerten Nordkap-Film zeigt. Von der Halle gelangt man in einen Tunnel, der zu einer tiefer gelegenen Aussichtsplattform mit Bar führt. In ihm stehen Figuren berühmter Besucher. Wer Mitglied des Königlichen Nordkapklubs werden will, zahlt 125 NOK und erhält allerlei Reklame. Das Geld dient zur Erhaltung des Kaps.

Das „Kinder der Erde"-Monument wurde von Kindern aus sieben Ländern geschaffen und symbolisiert Hoffnung, Freude und Freundschaft.

Das Klima hier oben ist auch im Sommer meistens kalt und stürmisch. Die Wolken hängen fast immer so tief, dass man noch nicht einmal bis zum Meer hinunter sehen kann. Aus diesem Grunde ist auch die Mitternachtssonne von hier oben recht selten zu sehen, obwohl sie nirgends in Skandinavien so lange scheint (14.5.–30.7.). Im Winter ist es hier allerdings, abgesehen von dem eisigen Wind, erstaunlich warm. Ende Februar kann es tagsüber 0 °C sein, während in Zentrallappland Temperaturen von –15 ° bis –20 °C herrschen.

Wer ohne das Vergnügen, am nördlichsten Punkt Europas gestanden zu haben, leben kann, sollte zumindest im Sommer nicht herkommen. Man erspart sich eine Enttäuschung, denn es gibt nicht viel Besonderes zu sehen. Im Herbst oder Frühjahr ist es wenigstens nicht so überlaufen.

Als Alternative bietet sich an, einfach auf der E 6 weiter nach Lakselv zu fahren. Ab hier geht es auf der Straße 98 nach Ifjord und von dort nach Kjøllefjord oder Gamvik, wo tatsächlich die Welt zu Ende ist, zumindest straßenmäßig. Auf dieser Strecke erlebt man die Einsamkeit der nordischen Landschaft wie sonst nur selten.

Nordkapbesucher können auch **mit dem Bus** von Kåfjord bis zum **Nordkap** fahren, wenn sie das Auto nicht mit auf die Insel nehmen wollen.

Die Fahrt dauert 50 Minuten und beginnt am Fähranleger im Hafen von Kåfjord.

Besser ist es zu **trampen,** da im Juli/August praktisch ununterbrochen Touristen hin- und herfahren.

Man kann auch an einem jedes Jahr zur Mittsommernacht veranstalteten **Leistungsmarsch** teilnehmen. Start und Ziel ist der Rathausplatz in Honningsvåg. Erlaubte Zeit für die rund 70 km zum **Nordkap** und zurück: 23 Std. Sehr anstrengend, nur für Profis.

▼ *Verkehr auf der E 69 - Tiere haben Vorfahrt*

043nk Abb.: Johannes Jensås/IN

Zum Nordkap im Winter

Die Nordkap-Straße ist zwar im Winter für den (eingeschränkten) Verkehr geöffnet, aber ab ca. Dezember bis Ende April ist das Befahren auf der 13 km langen Stecke Skarsvåg - Nordkap nur in Kolonne hinter einem Schneepflug möglich. Dies ist von Dezember bis März nur Reisebussen und nicht Privatwagen gestattet, um die Zahl der Fahrzeuge zu begrenzen. Ab April ist aufgrund der besseren Witterungsbedingungen und der starken Nachfrage das Befahren der Straße mit Privatautos wieder erlaubt. Das Nutzen des Busses ist trotzdem empfehlenswert.

Wer dorthin will, wendet sich an die Touristinformation, Tel. 78477030 oder an das Busunternehmen Boreal (www.boreal.no/timetables-bus/330-honningsvaag-north-cape-winter-article799-384.html). Es wird für 700 NOK eine Bustour vom Rica Hotel Honningsvåg zum Nordkap und zurück organisiert (inkl. Eintritt).

Hier endet nun die Wegbeschreibung zum Nordkap. Nach den ganzen Erlebnissen und Eindrücken muss man langsam an die Rückreise denken, die ja auch einige tausend Kilometer lang ist. Vielleicht haben Sie Zeit und planen eine andere Route als bei der Hinfahrt zu nehmen oder Sie haben es eilig und fahren über Alta, Kautokeino, Tornio, Luleå, Sundsval, Stockholm und Malmö zurück. Das geht am reibungslosesten.

041nk Abb.: Casper Tybjerg/IN

Anhang

Literaturtipps

- Knut Hamsun: **Mysterien.** Nils Nagel taucht in einem gelben Anzug in einer norwegischen Kleinstadt auf und bringt das komplette Leben dort durcheinander. Ein Meisterwerk psychologischer Beobachtung und Beschreibung. DTV, München 2004
- **Kanteletar: Alte finnische Volkslyrik.** Wie der Titel verspricht, handelt es sich um eine umfassende lyrische Sammlung. Eugen Diederichs Verlag, München 1997 (nur noch antiquarisch)
- Carl von Linné: **Lappländische Reise.** Der weltberühmte Erfinder der botanischen Klassifizierung fuhr 1732 zu Studienzwecken nach Lappland und schrieb einen tollen Reisebericht. Gemini Verlag, Berlin 2004
- Päivikki Palosaari: **Delikatessen aus Lappland.** Dieses Kochbuch beschreibt, wie man die Schätze der Natur aus dem hohen Norden zubereiten kann. Polarlehdet Oy, Helsinki 2002
- Anne Iburg: **Schwedisch kochen.** Gerichte & Geschichten. Verlag Die Werkstatt, Göttingen 2004
- Johan Turi, Emilie Demant: **Erzählung vom Leben der Lappen.** Nachdruck des Interviews mit dem Samen Johan Turi, der sehr genau das Leben der Nomaden beschreibt. Es war das erste Buch in samischer Sprache. Deutsch bei Eichborn Verlag, Frankfurt 1993 (nur noch antiquarisch)
- Mikael Niemi: **Populärmusik aus Vittula.** Wie eine Schallplatte der Beatles in einer schwedischen Kleinstadt die Berufswünsche der Jungen beinflusste. Seit diesem Buch ist Pajala zum Touristenort geworden. btb-Verlag, München 2004
- Sofi Oksanen: **Fegefeuer.** Die Geschichte der zwei Frauen Aliide und Zara, die von Vergewaltigung, Prostitution und Krieg handelt, wurde ein Welterfolg. Kiepenheuer und Witsch, Köln 2010

Informationsstellen

In Deutschland

- **Norwegisches Fremdenverkehrsamt,** Postfach 113317, 20433 Hamburg, Tel. 040 2294150 (Broschürenversand), www.visitnorway.com, www.invanor.no (auch für Österreich und die Schweiz zuständig)
- **Visit Sweden** (Schwedens offizielle Homepage für Tourismus), Tel. Deutschland: 069 2222 3496, Österreich: 0192 86702, Schweiz: 044 5806294, www.visitsweden.com
- **Finnische Zentrale für Tourismus,** Lessingstr. 5, 60325 Frankfurt, Tel. 069 50070157, Fax 7241725, www.finland-tourism.com (auch für Österreich, Tel. 01 79567161, und die Schweiz, Tel. 01 6545132, zuständig), www.visitfinland.de
- **ADAC** (Allgemeine Deutsche Automobil-Club), Am Westpark 8, 81373 München, Tel. 089 76760, www.adac.de
- **ACE** (Auto Club Europa), Schmidenerstr. 227, 70374 Stuttgart, Tel. 0711 53030, www.ace-online.de
- **AvD** (Automobilclub von Deutschland), Lyoner Straße 16, 60528 Frankfurt/M., Tel. 069 66060, www.avd.de

In Norwegen

- **Norges Turistråd,** PO Box 722, Sentrum, 0105 Oslo, Tel. 24144600, Fax 24144601, www.visitnorway.com
- **Touristenverein** (DNT), Youngstorget 1, Oslo 1, Tel. 4000 1868, www.turistforeningen.no
- **Automobilklub** (NAF), Østensjøveien 14, 0609 Oslo, Tel. (0)8 505, www.naf.no

In Finnland

- **Finnisches Fremdenverkehrsamt,** Töölönkatu 11, PO Box 625, 00101 Helsinki, Tel. 09 4176911, Fax 09 41769399, www.visitfinland.de
- **Finnische Zentrale für Tourismus,** Besucherberatung, Eteläesplanadi 4, 00130 Helsinki, Tel. 010 6058000, www.mek.fi
- **Fremdenverkehrsverein** (Suomen Matkailullitto), Mikonkatu, 00100 Helsinki, Tel. 00350 170868, www.matkailuliitto.org
- **Automobilklub Autoliitto,** Hämeentie 105 A, 00550 Helsinki, Tel. 09 72584400, Notfall: werktags 09 77476400, am Wochenende und feiertags 0200 8080, www.autoliitto.fi
- **Wetterdienst,** Wettervorhersagen für größere Orte, http://en.ilmatieteenlaitos.fi/home

In Schweden

- **Schwedische Zentrale für Tourismus,** 10384 Stockholm, Hamngatan 27, Tel. 087892495
- **Svenska Turistföreningen** (STF), Birger Jarlsgatan 18, 10394 Stockholm, Tel. 084632100 (deutsche Telefonansage: 082218500), Fax 086781958, www.stfturist.se
- **Automobilklub (Motormännens Riksförbund),** Fridhemsgatan 32, Stockholm, Notruf: 08 6903800, www.motormannen.se
- **Motorradclub Sveriges Motorcyklister,** Centraorganisation (SMC), Forskargatan 3, 781 70 Borlänge, Tel. 0243 66971, www.svmc.se

Wohnmobil-Handbuch

Das komplette Handbuch für Wohnmobilisten und alle, dies es werden wollen

- Das Fahrzeug
- Die Wohnung
- Installationen
- Geräte und Zubehör
- Elektrosystem
- Elektronik und Unterhaltung
- Reisevorbereitung
- Unterwegs

Rainer Höh:
Wohnmobil-Handbuch,
276 Seiten, 170 Fotos und Abbildungen, komplett in Farbe, Register, Griffmarken

REISE KNOW-HOW Verlag, Bielefeld

Ildikó Hámos, Ilari Sohlo

KulturSchock Finnland

Aus dem Inhalt:

- Flora, Fauna, Topografie und ihr Einfluss auf die Mentalität der Finnen
- Der Wohlstandsstaat und seine Bürger
- Lebensweisen in Stadt und Land
- Die Freitagsflasche
- Männer- und Frauenrollen
- Der finnische Alltag
- Die Saamen: Indigene im Hightech-Land
- Was macht die Finnen Finnisch?
- Als Fremder in Finnland

REISE KNOW-HOW Verlag, Bielefeld

Anhang

sound))trip
in cooperation with
((piranha))
Musik im
Reise Know-How Verlag
Reise Know-How
East Africa
Northern Africa
South Africa
The Andes
Argentina
Australia
The Balkans
Baltic States
Barbados
Oriental Belly Dance
Northeast Brazil
Canada
Chile
China
Colombia
Cuba
Finland
Iceland
India
Ireland
Israel
Japan
Mexico
New Zealand
Norway
Russia, St. Petersburg
Scotland
Switzerland
Turkey
Uruguay
Die Compilations der CD-Reihe sound))trip stellen aktuelle, typische Musik eines Landes oder einer Region vor.
Im Buchhandel erhältlich | Unverbindl. Preisempf.: EURO 15,90 [D]
Kostenlose Hörprobe im Internet.
www.reise-know-how.de

Ratgeber für Wohnmobilisten

Rainer Höh

Handbuch Wohnmobil-Ausrüstung

Tipps und Ratschläge, um das richtige Wohnmobil und die passende Ausrüstung zu finden. Alle Fragen rund um die Ausstattung und Installationen. Hilfe bei Störungen. Optimieren des Fahrzeugs.

Martin Zimmer

Wohnwagen-Handbuch

Alle wichtigen Informationen zur Auswahl des Reisegefährts, spezielle Hinweise zum Camperleben und viele Tipps für Reise, Ausrüstung und Zubehör.

Swantje Küttner

Reise-Kochbuch für Wohnmobil, Camping und Ferienwohnung

Auch im Wohnmobil oder vor dem Zelt können schmackhafte Gerichte gezaubert werden. Die Autorin gibt Anregungen für eine unkomplizierte und schnelle Küche, die mit begrenzten Möglichkeiten auskommt.

Alle Titel: 160 Seiten, Taschenformat, robuste Ausstattung, Register

REISE KNOW-HOW Verlag, Bielefeld

Register

A

B

C

D

E

F

G

H

I, J

K

L

Anhang

Bildnachweis

Die Kürzel an den Abbildungen stehen für folgende Personen, Firmen und Einrichtungen. Wir bedanken uns für ihre freundliche Abdruckgenehmigung.

hb *City of Helsinki Picture Bank, www.hel.fi/imagebank (S. 85, 94)*
ibs *Image Bank Sweden, www.imagebank.sweden.se (S. 106, 109, 120, 131)*
IN *Innovation Norway, www2.capellamedia.no/cgi-bin/NTRtur.exe (S. 1, 10, 20, 34, 40, 144, 156, 158)*
Titelbild (Johannes Jensås)
pq *www.pixelquelle.de (S. 78, 99)*

Alle weiteren Fotos: ***Frank Herbst*** *(fh)*

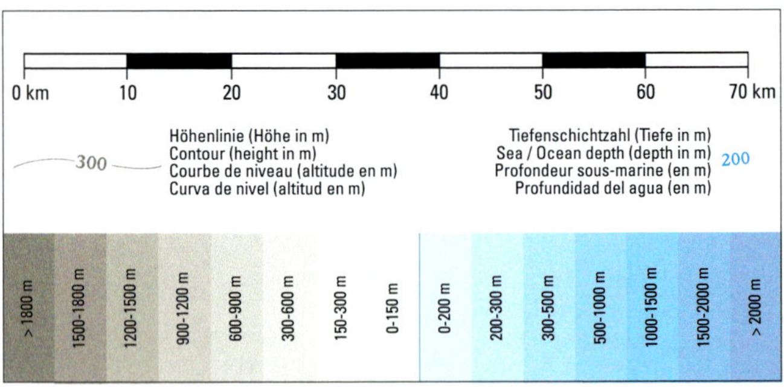

Kartenlegende

E60 218 23 Straßennummern	Staatsgrenze mit Übergang
Autobahn mit Anschlussstelle / im E	Verwaltungsgrenze
Autobahn geplant / Tunnel	Nationalpark, Naturschutzgebiet
Schnellstraße mit Anschlussstelle / im Bau / Tunnel	Sperrgebiet
Fernstraße mit Anschlussstelle / im Bau / Tunnel	Gletscher
Nebenstraße	Internatl. Flughafen / Flughafen / Flugplatz
Sonstige Straße	Hafen / Leuchtturm
Fahrweg	Zoo / Wintersportort
Fußweg	Bergwerk
Im Winter gesperrt	Höhle / Campingplatz
10 10 Entfernung in Kilometern	Aussichtspunkt
Eisenbahn / Tunnel	Museum
Fähre	Kirche, sehenswert
Fluss / Wasserfall / Damm, \	Kloster, sehenswert
Kanal	Burg, Schloss, sehenswert
Watt	Archäologischer Fundort / UNESCO Welterbe
1244 Stipok Berg (Höhe in m)	Sonstige Sehenswürdigkeit
• 2072 Höhenpunkt (Höhe in m)	Besuch empfohlen von REISE KNOW-HOW Hammerfest

045nk Abb.: fh

Der Autor

Frank Herbst (Jahrgang 1952) wurde in Berlin geboren und ging 1994 wieder dorthin zurück. Ein Grund mehr, so oft wie möglich dem Trubel der Stadt den Rücken zu kehren und zur Entspannung die unverbauten Weiten der Tundra zu suchen. Die direkte Verbindung Rostock – Trelleborg macht es ihm leicht, für ein Wochenende in sein geliebtes Skandinavien zu entfliehen.

Seit seinem Designstudium entwirft er Leuchten für private Wohnzimmer und Beleuchtungsanlagen für Kinos und Restaurants. Dabei lässt er sich immer wieder von der Formauffassung der skandinavischen Kollegen beeinflussen, was natürlich im Lande selbst am besten gelingt.

Als Projektmanager einer Internet-Service-Firma beschäftigt er sich in der letzten Zeit mit der modernsten Seite der Kommunikation. Auch hier ist der Blick nach Skandinavien ein Teil des Arbeitsalltages.